"Il me cherche!"

Du même auteur

Aux éditions JC Lattès :

- *L'Intelligence du cœur. Rudiments de grammaire émotionnelle,* 1997 (Poche Marabout, 1998).
- *Au cœur des émotions de l'enfant. Comprendre son langage, ses rires, ses pleurs,* 1999 (Poche Marabout, 2001).
- *Que se passe-t-il en moi ? Mieux vivre ses émotions au quotidien,* 2001 (Poche Marabout, 2002).
- *L'Année du bonheur. 365 exercices de vie jour après jour,* 2001.
- *Je t'en veux, je t'aime. Ou comment réparer la relation à ses parents,* 2004 (Poche Marabout, 2005).
- *Fais-toi confiance. Ou comment être à l'aise en toutes circonstances,* 2005 (Poche Marabout, 2007).
- *Il n'y a pas de parent parfait,* 2008 (Poche Marabout, 2009).
- *Les Autres et moi. Comment développer son intelligence sociale,* 2009 (Poche Marabout, 2010).
- *« J'ai tout essayé ! » Opposition, pleurs et crises de rage : traverser sans dommage la période de 1 à 5 ans,* 2011 (Poche Marabout, 2013).
- *Bien dans sa cuisine. Quand la préparation d'un repas devient une aventure intérieure,* 2012 (Poche Marabout sous le titre *Un zeste de conscience dans la cuisine,* 2014).

Aux éditions La Méridienne :

- *Le Corps messager,* avec Hélène Roubeix, 1988, édition augmentée et rééditée en coéd. avec Desclée de Brouwer en 2003.

Aux éditions Belfond :

- *Trouver son propre chemin,* 1991 (Pocket, 1992).

Aux éditions Dervy :

- *L'Alchimie du bonheur,* 1992, 1998, réédité sous le titre *Utiliser le stress pour réussir sa vie* en 2006.
- *Le Défi des mères,* avec Anne-Marie Filliozat, 1994, réédité sous le titre *Maman, je ne veux pas que tu travailles* en 2009.

Chez Marabout :

- *Cahier de travaux pratiques pour apprendre à gérer ses émotions,* 2010.

Isabelle Filliozat

illustrations d'Anouk Dubois

"Il me cherche !"

Comprendre ce qui se passe dans le cerveau de votre enfant entre 6 et 11 ans

À mes neveu et nièce, César et Chloé Mio,
qui traversent la période explorée dans ce livre alors que je l'écris.

Merci pour cette belle relation que nous avons,
pour cette confiance immense, évidente, que vous me faites.
Comme j'aime jouer avec chacun de vous !

Avec mon amour, malgré les kilomètres qui nous empêchent
de jouer ensemble assez souvent.

Isabelle

À mon cher et tendre Éric
ainsi qu'à nos deux merveilles, Salomé et Juliette.

Anouk

« Il éclata brusquement en sanglots. La nuit était tombée.
J'avais lâché mes outils. Je me moquais bien de mon marteau,
de mon boulon, de la soif et de la mort. Il y avait, sur une étoile,
une planète, la mienne, la Terre, un petit prince à consoler !
Je le pris dans les bras. Je le berçai. [...]
Je ne savais pas trop quoi dire. Je me sentais très maladroit.
Je ne savais comment l'atteindre, où le rejoindre…
C'est tellement mystérieux, le pays des larmes. »

Antoine de SAINT EXUPÉRY, *Le Petit Prince*.

Sommaire

Avant propos

Isabelle Filliozat

Maman de deux enfants, j'ai éprouvé des états de bonheur intense, d'amour inconditionnel, de sensations de bien-être infini. J'ai aussi expérimenté face à eux des moments d'extrême exaspération, d'impuissance et de désespoir. À ma grande honte, j'ai vécu des impulsions à les rabaisser, à les dominer, à «leur faire voir qui commande», j'ai éprouvé des envies de frapper, de les écrabouiller, de partir et de tout laisser tomber… J'ai traversé des émotions, des tensions, un énervement que je n'aurais jamais, au grand jamais, imaginé ressentir avant leur naissance.

Entre six et onze ans, les enfants sont réputés être en «période de latence[1]». Il est vrai que c'est une phase moins

---

1. Selon la théorie psychanalytique, l'enfant est habité successivement de pulsions sexuelles orales, anales, œdipiennes, avant d'entrer dans la période de latence durant laquelle la sexualité serait dérivée vers les apprentissages.

sonore que d'autres, un peu de répit après les hurlements des tout-petits et avant les portes qui claquent et la musique des plus grands. C'est pourtant aussi une période cruciale de construction du cerveau, de l'affectivité et des compétences sociales. Et j'avoue que pour moi, pour leur père et, je pense, pour eux, cela a été la plus difficile à traverser. Je me suis si souvent sentie impuissante et démunie face aux souffrances qu'ils vivaient ou aux murs qu'ils m'opposaient.

Les parents craignent l'adolescence et les crises de rage des deux ans, mais la période de six à onze ans peut se révéler très délicate. Les fondements du sentiment d'identité, la sécurité intérieure, la confiance en sa personne propre, les bases de la confiance en ses compétences se posent dès le début de la vie, mais non, tout n'est pas encore joué à six ans. Si les horaires du coucher leur conviennent enfin (à partir de six ans la plupart des enfants s'endorment volontiers vers 20 heures, question de mélatonine et de rythme biologique), s'ils maîtrisent mieux leurs émotions, et se montrent plus dociles à nos demandes, d'autres difficultés se profilent : les apprentissages scolaires, la quête progressive d'autonomie et les relations sociales.

Tout ce qui concerne la scolarité nous a paru nécessiter un livre entier. Nous avons donc laissé cette question à part, non parce qu'elle n'aurait pas sa place dans un ouvrage sur les enfants de six à onze ans, mais justement parce que cette place est si importante qu'elle justifie un traitement spécifique. Nous n'évoquerons pas non plus les pathologies, les lourdes épreuves que peuvent rencontrer certains. Ici, nous nous centrons sur les petites difficultés relationnelles du quotidien dans la famille.

Dans ce livre, nous allons donc poursuivre notre tentative de compréhension de ce qui se passe dans la tête de nos enfants dans cette étape de leur développement trop souvent marquée par les conflits de pouvoir.

Chaque cri, chaque dispute, chaque gifle, punition ou gronderie, nous éloigne de nos enfants. Je me suis surprise à crier et même à punir alors que je savais cris et punitions inefficaces. J'ai traversé le doute, la culpabilité, le désarroi. Alors, j'ai cherché des clés. Des clés de compréhension d'abord, parce que quand on comprend ce qui se passe, il est plus facile d'agir de manière pertinente et efficace. Puis des outils concrets pour faire face au quotidien.

J'ai écrit ces pages pour que nous ayons d'autres cordes à nos arcs que celles apprises de notre enfance, pour que nous, parents, soyons capables de choisir notre façon d'agir plutôt que d'être agis par notre histoire personnelle. Ce livre est centré sur la compréhension de ce qui se déroule dans la tête de nos enfants et sur les réponses que nous pouvons donner à leurs comportements et surtout à leurs besoins. Les parents conscients d'hyperréagir et pour qui les informations données ici ne seraient pas suffisantes pour se libérer de leurs automatismes pourront se reporter à mon ouvrage *Il n'y a pas de parent parfait* qui traite de cette question en profondeur.

L'approche empathique de l'enfant, dans le courant de la parentalité positive, c'est plus de bonheur au quotidien en famille. Et le temps passe si vite...

Anouk

Les livres illustrés se sont très tôt invités sur le sol de ma chambre. Petite, je les feuilletais, encore et encore. Un jour, les bandes dessinées sont venues les rejoindre et il était presque impossible de trouver où poser le pied, impossible d'éviter la couverture de l'une d'entre elles. Donc, j'ai appris à les… ranger (si si !) parce que je voulais qu'elles restent «toutes belles», en bon état, car je m'imaginais, un jour, maman à mon tour, et offrant avec un sourire « gaga » ma précieuse collection à mes propres enfants.

Aujourd'hui, il m'arrive encore très souvent de rester les yeux rivés à une planche de bande dessinée pendant longtemps, très longtemps…

Les albums sont bien rangés sur des étagères, mes livres illustrés sont presque tous intacts (je ne gribouille plus dedans, je prends une feuille blanche à côté !).

J'ai eu le bonheur d'avoir deux filles qui aiment les BD et les lisent plus vite que moi ! Elles en prennent soin et n'oublient pas de les ranger… grâce à mes différents jobs :o)

Je baigne avec joie dans l'univers de l'enfance au travers de mes différentes professions : illustratrice pour l'enfance, psychomotricienne dans un service de Soutien à la Parentalité, et formatrice pour adultes avec des méthodes respectueuses de l'enfant.

L'aventure continue. Les enfants grandissent et les parents… aussi. Forts des liens se tissant jour après jour, le plus important, pour moi, est de découvrir que ces liens peuvent devenir un magnifique tremplin vers le bonheur de chacun des membres de la famille.

De six à onze ans, une belle tranche de vie à comprendre et… à illustrer !

Mode d'emploi

Un premier dessin campe une situation familière. Une réaction parentale est ensuite caricaturée. En regard de cette réaction :

Le vécu de l'enfant

Masculin, féminin, garçon et fille alterneront pour respecter la parité. Ce choix peut dérouter le lecteur français, habitué à la dominance du masculin. Mais la langue n'est pas neutre, elle imprègne nos inconscients et entérine les stéréotypes[1]. Il nous paraît important que le masculin ne l'emporte plus toujours sur le féminin. Nous avons fait ce choix de l'alternance plutôt que d'alourdir la lecture par l'ajout systématique de (e). Bien sûr, les messages portés par le jeune garçon concernent aussi les filles et inversement. Nous alternerons de même papa et maman, sans préjuger de ce que certaines

Je vais te dire ce qui se passe pour moi.

1. http://www.cemeaction.be/?p=461

questions seraient l'apanage des mamans et d'autres celui des papas.

Une ampoule LED éclairant la situation sous l'angle des découvertes des neurosciences et de la psychologie expérimentale.

Une option de parentalité positive

Cette simplification : une situation, une option, n'a d'autre projet que pédagogique. Il est clair que, face à chaque situation, une multitude d'options peut être envisagée.

Ne nous *croyez* surtout pas ! Ce livre ne vous présente pas de *vérité*. À chacun d'observer, de sentir, d'expérimenter. Certaines attitudes proposées vous paraîtront simplistes, idéalistes. Nous sommes si accoutumés aux conflits familiaux qu'ils nous paraissent naturels, si habitués à ce que nos enfants ne coopèrent pas, que nous hésitons à croire que ce puisse être possible et de plus, si aisément. Quand on s'est

arc-boutés pour pousser une porte, il peut être déconcertant de découvrir qu'il suffisait de la tirer pour qu'elle s'ouvre. Là est un peu le propos de cet ouvrage, analyser le sens d'ouverture plutôt qu'y aller en force. Certes, les résultats ne seront pas toujours immédiats, surtout si le changement de style éducatif est important, l'enfant restant un temps sur ses gardes.

Aucun enfant n'est identique à un autre. Aucun parent non plus ne ressemble à un autre. Chacun a sa propre histoire, ses propres besoins et objectifs, ses limites, en fonction de son âge, de ses hormones, de la disponibilité que lui laisse sa position économique et sociale. Et aucune relation ne ressemble à une autre parce qu'elle s'inscrit chaque fois entre deux personnes distinctes et dans un environnement spécifique. À chacun, donc, de créer sa propre relation à son enfant. Réfléchissons ensemble et adaptons nos attitudes pour une éducation qui réponde aux besoins spécifiques de *notre enfant* et non à ceux d'un enfant hypothétique! Jardiniers respectueux des différences individuelles, nous tenterons d'analyser ce qui peut causer leurs réactions.

Si les cinq-onze ans se montrent globalement plus coopérants qu'entre deux et trois, pour autant la maison n'est pas toujours aussi calme que nous l'aimerions. Certains sont un peu trop actifs à nos yeux. Ils sont désordonnés, manquent de concentration, oublient leurs affaires. D'autres se montrent agressifs voire violents envers leurs camarades. D'autres encore sont excessivement réservés, manquent de confiance et risquent d'être victimes des autres. Comment faire face et les accompagner au mieux sans entrer dans une bagarre permanente?

Dans le premier chapitre, nous évoquerons le stress et les besoins d'attachement et de liberté à la source de nombre de comportements dits à problèmes. Nous verrons comment remplir le réservoir d'amour de nos jeunes et nourrir sécurité et confiance. Au chapitre 2, nous nous exercerons à les écouter et à accueillir leurs émotions.

Nous savons bien que l'enfant n'est pas un adulte en miniature, mais force est de constater que nous lui reprochons souvent de ne pas se comporter en adulte! Parce que son cerveau est en développement, l'enfant ne voit pas, ne comprend pas les choses tout à fait comme nous, les adultes. Méconnaître cela est source de nombre de conflits, de punitions inutiles et d'exaspération parentale. Une petite fille ment… Peut-on se comporter avec elle de la même manière si elle a six ou onze ans? Si chacun est unique, nous appartenons tous à l'espèce humaine et le cerveau d'un enfant de dix ans ressemble plus à celui d'un autre enfant de dix ans qu'à son propre cerveau à l'âge adulte. Le chapitre 3 traitera des enfants de moins de sept ans. Le chapitre 4 présentera l'âge de raison. Huit ans est l'âge des règles, nous profiterons de ce chapitre 5 pour aborder le thème incontournable des interdits et des punitions. La pose des limites est une question largement débattue par les experts, et devant laquelle beaucoup de parents sont démunis. Poser des limites, oui, mais comment, concrètement? Vous découvrirez dans ces pages des clés pour que les limites soient canalisation et protection et non limitation et surtout pour qu'elles soient respectées! Les chapitres 6 et 7 mettront respectivement en scène des enfants de neuf et dix ans. Le chapitre 8 explorera les contours du vécu des jeunes de onze ans.

Écrire un livre suppose de faire des généralités, or ces dernières sont toujours fausses, puisqu'elles ne prennent pas en compte la spécificité des individus. Toutefois, elles m'ont paru utiles pour que nous, parents, cessions d'attendre de nos enfants des comportements qui ne sont pas de leur âge et comprenions mieux leurs réactions. Pour ne pas alourdir le texte, nous n'avons pas assorti chaque phrase de «parfois» et «il arrive que», et comptons sur vous pour les ajouter. De même, nous avons au maximum évité de nous répéter, pourtant, nombre de réactions enfantines peuvent se présenter à plusieurs âges. Nous vous invitons donc à parcourir l'ensemble du livre pour y retrouver votre enfant, même s'il a déjà «dépassé» ou «n'a pas encore atteint» tel ou tel âge. De la même manière que nous sommes «du soir» ou «du matin», et plus ou moins sensibles aux odeurs ou aux bruits, chaque enfant a son propre rythme, sa propre sensibilité, son propre développement. Un enfant n'est pas anormal s'il ne pleure pas pour avoir un téléphone mobile à huit ans ou si elle ne veut pas organiser une soirée pyjama à onze ans! Que ces comportements soient naturels ne signifie pas qu'ils soient obligatoirement présents, mais qu'ils sont susceptibles de se manifester. Par ailleurs, si le cerveau ne change pas de manière spectaculaire le jour de

l'anniversaire de l'enfant, il ne se développe pas non plus de manière continue mais semble opérer un développement en montagnes russes; ce qui signifie que ce qui est acquis à sept ans, par exemple, peut être remis en cause à onze. Le cerveau d'un enfant est en refonte régulière. Chaque période de réaménagement important est évidemment assortie de régressions, de désorganisation et d'angoisse. Une seule certitude, tout au long de son cheminement vers l'autonomie, l'enfant a besoin de se nourrir de notre amour inconditionnel pour y puiser les ressources nécessaires à sa croissance. Mais il ne nous est pas toujours facile de fournir cet amour. Au chapitre 8, nous nous pencherons sur nous-mêmes. N'aurions-nous pas tendance à avoir du mal à gérer la frustration? Qu'est-ce qui nous fait donc sortir de nos gonds?

«Comment lui faire comprendre que son comportement est inacceptable?» C'est la question si souvent posée par les parents. Les enfants manifestent des comportements pas-sifs, opposants, violents ou prennent de la distance vis-à-vis de nous et de nos recommandations? Nous avons l'impres-sion qu'ils nous cherchent? Jugeant leurs attitudes inaccep-

tables, nous sommes tentés d'augmen-ter le contrôle que nous exerçons dans le but d'obtenir obéissance. «Tu arrêtes ça tout de suite!» «Tu vas immédiate-ment te brosser les dents.» Menaces, punitions, suppression de privilèges, promesses de récompenses, nous met-tons en place notre arsenal «éducatif».

Puis face à l'échec de nos stratégies nous explosons exaspérés : « J'ai tout essayé, et il recommence ! » Dans notre ton, nous en voulons à cet enfant qui ne se conforme pas à nos attentes.

Des chercheurs ont montré que les attitudes éducatives ne semblent pas influencées par la raison. D'autres, à l'aide des techniques sophistiquées d'imagerie d'aujourd'hui, ont montré combien nous butons sur les résonances de notre propre histoire. L'intensité de nos réactions émotionnelles ne nous permet pas toujours d'être le parent que nous aurions envie d'être, et nous empêche même de penser avec une clarté suffisante. Nombre de parents croient que leur rôle est de poser des limites et que l'amour est une récompense, ils sont habités par la profonde conviction que les punitions sont nécessaires et peuvent être justes. Pour certains, gifles et fessées font partie de l'arsenal éducatif naturel d'un parent. Malgré leur inefficacité sur les comportements de l'enfant au long terme, ces croyances ne sont pas faciles à remettre en cause. D'une part elles sont partagées par une majorité de parents et ce, depuis des siècles. Et d'autre part, imaginer d'autres options demande un peu de temps et de sérénité.

Parce qu'on ne connaissait que très peu de choses sur le cerveau, nos ancêtres, nos parents, ont pu croire à l'innocuité de l'éducation par la crainte. C'est maintenant prouvé, l'exposition au stress au cours du développement du cerveau, perturbant les niveaux d'hormones, entraîne des modifications de la structure du cerveau. L'imagerie céré-

brale, nos connaissances sur les neurones, sur les hormones du stress, sur l'intelligence et la mémoire, nous montrent sans équivoque qu'il est urgent de choisir un mode éducatif non-violent. Outre les séquelles affectives, les conséquences sur le cerveau des gifles mais aussi des cris et des menaces sont désormais indéniables : modification de la substance blanche, sous-développement de certaines zones, suractivation de l'amygdale et du circuit de stress. Et puis, pourquoi consacrer tant de temps et d'énergie aux conflits, quand il est possible de vivre le quotidien autrement ? La vie avec un enfant peut devenir un délice quand on se place à ses côtés.

Après une courte conclusion nous rappelant combien l'urgence n'est que dans la qualité de la relation, nous vous proposons en annexe quelques informations qui auraient par trop alourdi la lecture au cours du livre.

Jusqu'à six ans, l'enfant reste très dépendant de ses parents, ces derniers font beaucoup pour lui. Comme il grandit et devient capable de s'occuper de lui-même, les parents changent de métier et deviennent coach. L'objectif d'un parent est que son enfant n'ait un jour plus besoin de lui. Le deuil n'est pas aisé pour tout le monde et puis, il n'est pas toujours simple de savoir identifier le besoin d'autonomie de l'enfant et de doser la réduction de notre contrôle. Entre protection et contrainte, la frontière n'est pas facile à définir.

D'autant qu'elle est fluctuante d'un jour à l'autre ! L'enfant est en évolution, le lundi il peut avoir besoin de davantage de liberté, d'expérimenter par lui-même... pour le mardi venir se réfugier dans les bras de maman. Entre sept et onze ans, il alterne entre distance, exploration et proximité, contact. Il se construit. Pour grandir harmonieusement, il a besoin de sécurité intérieure et de confiance en sa personne et en ses compétences.

Le grand remaniement de l'adolescence se prépare en renforçant la confiance, c'est-à-dire la capacité à se confier ! La question qui pourrait guider nos attitudes parentales pendant cette période pourrait être : Mon enfant peut-il se fier à moi ?

C'est de la bonne graine

Quand on plante une graine dans son jardin, mieux vaut ne pas la déterrer tous les jours pour évaluer la taille de ses racines… Une partie de sa croissance se fait en sourdine sous la terre. Nous n'ouvrons pas non plus le bouton floral de force, mais nous observons avec émerveillement et gratitude l'épanouissement progressif de la fleur qui s'ouvre à son rythme.

La graine **sait** ce qu'elle doit devenir. Ôter les épines d'une rose et en peindre les pétales ne la transforme jamais en marguerite. Est-ce qu'une rose est moins belle qu'une marguerite? Est-ce qu'un chêne est meilleur qu'un pin? Une graine nous est confiée.

Notre rôle est de lui permettre de grandir, en lui fournissant le meilleur terreau, la nourriture dont elle a besoin, en tuteurant la jeune pousse, en détectant ses besoins en fonction de ses réactions. Lui faut-il davantage de soleil ou au contraire doit-on la placer en terrain ombragé? A-t-elle souvent soif ou préfère-t-elle un sol sec? Si le jardinier compétent possède un certain nombre d'informations théoriques sur les besoins de telle ou telle espèce, c'est la plante elle-même qui lui dit ce qui lui est nécessaire, ce qui lui plaît et ce qui lui plaît moins. Elle s'exprime en s'étiolant ou en s'épanouissant, en jaunissant ou en produisant feuillage fourni, fleurs et fruits.

Si nos enfants ne se développent pas comme ils pourraient le faire, s'ils ne mangent pas correctement, s'ils ne dorment pas bien, s'ils ne réussissent pas à l'école, ce n'est pas parce qu'ils sont mauvais, mais parce que quelque chose ne va pas.

C'est leur façon de nous signifier «Il me manque quelque chose» ou «Je vais mal». Ils ne savent pas encore nous dire avec des mots: «J'ai besoin de proximité.» «J'ai peur quand vous vous disputez.» «Je n'arrive pas à coordonner mes gestes.» Ou: «Mon corps est en tension.» Ou encore: «Une colonie de bactéries est en train d'envahir mon système digestif.» Au mieux ils appelleront «Maman!» et diront «J'ai peur!», «J'y arrive pas», «Je veux un bonbon!» ou «Je ne veux manger que des pâtes ou du riz».

Il nous incombe de décoder leur message, et d'identifier le besoin. Car, pour autant que nous ne laissions pas les zones émotionnelles de notre cerveau prendre le pouvoir, nous, adultes, disposons de capacités de réflexion qu'ils n'ont pas. Nous sommes capables d'hypothèses, de déductions, d'analyse. Alors analysons ensemble.

Elle fait sa crise

La première réponse tient en un mot: stress. Quand l'enfant se montre agressif, évitant ou inhibé, ce sont des manifestations externes d'un cerveau sous stress. Aucune punition ne réduira ce dernier.

Que se passe-t-il dans le cerveau? Une petite structure en forme d'amande nommée amygdale déclenche un déluge d'hormones. Selon les circonstances, elle commande attaque ou fuite. Le cœur bat plus vite, le sang mène sucre et oxygène jusque dans les membres pour courir plus vite ou frapper. Les muscles sont bandés. L'enfant éprouve toute

cette tension physique, et parfois la crise éclate (comme le lui commande son corps, il attaque).

Si le risque est extrême, ou si ni attaque ni fuite ne sont possibles, le corps se fige. À l'instar de la souris qui fait la morte quand le chat l'a attrapée, toute action (et pensée) est alors interrompue, le corps est anesthésié pour ne pas sentir la douleur.

Si menaces, gifles ou fessées stoppent les crises de l'enfant, ce n'est pas parce qu'il est «calmé». Il est juste figé, dans l'inhibition de l'action. Et le stress est toujours là, ce qui explique qu'il recommence peu après.

→ Quand notre enfant est malade, nous ne nous contentons pas de supprimer les boutons sur sa peau. Si une bactérie est à l'origine de l'affection, la nécessité de l'éradiquer nous paraît évidente. Devant ses symptômes, nous nous posons cette question: *Que se passe-t-il?*
De la même manière, il est illusoire d'espérer supprimer un comportement désagréable sans s'attaquer aux causes.
Changeons de perspective. Et si le comportement de l'enfant était un symptôme? Face à un comportement inadapté ou désagréable, pourquoi ne pas nous poser la même question que lorsque l'enfant manifeste des problèmes somatiques: *Que se passe-t-il?*

Ma trousse pour l'aider à calmer le stress dans son cerveau

• Le contact physique, la tendresse, la voix réconfortante du parent, les manifestations d'attachement
• Une respiration profonde et tranquille
• L'attention portée aux sensations internes
• L'accueil de l'expression émotionnelle
• Un verre d'eau
• La vue de verdure
• L'exercice physique (marche, course, mouvements amples...)
• La musique
• Le rire...

➜ Agressivité, fuite ou inhibition, sont le signe que les structures supérieures de son cerveau sont déjà dépassées ; réfléchir n'est plus possible, l'enfant a d'abord besoin de calmer ses circuits cérébraux.

➜ Nous savons qu'un enfant qui a faim, soif ou sommeil râle facilement. Mais si nous savons tendre un biscuit ou proposer à boire à un bambin, nous n'avons pas toujours le réflexe de proposer un verre d'eau à un grand de huit ans qui crise. Encore moins de le câliner ou de lui proposer un jeu quand il s'énerve, fait des «bêtises», se montre agressif, violent ou s'enferme dans sa chambre après avoir claqué la porte et hurlé sur nous. Et pourtant !

Allez, décision prise. La prochaine fois qu'il m'exaspère, je respire, je lui souris tendrement, je lui tends une bouteille d'eau, j'écoute ses émotions, je vais me balader avec lui en forêt, je me rapproche d'un canapé et je tombe en riant sur lui «sans faire exprès» pour jouer... Et j'observe.

Le contact physique déclenche en quelques secondes une sécrétion d'ocytocine. Entre six et onze ans, les enfants ont encore besoin de beaucoup de contacts physiques pour se recharger en ocytocine et affronter le stress de leur vie quotidienne. Un cerveau stressé a plus de mal avec le travail scolaire…

Alors un bon câlin, un massage ou une bonne mêlée sur le lit avant de se mettre à préparer l'exposé pour demain seront les bienvenus.

Il est agressif

ÉCOUTEZ, MADAME, CE N'EST PLUS POSSIBLE ! SI RÉGIS CONTINUE, IL SERA EXCLU DE L'ÉTABLISSEMENT ! JE VOUS INVITE À CONSULTER.

Nombre de psys français sont encore influencés par la psychanalyse, et interprètent les comportements de l'enfant selon cette théorie. Selon les termes de Freud, l'enfant serait un «pervers polymorphe», animé de pulsions sexuelles et agressives. Le dépassement de castrations successives (orale, anale puis œdipienne) lui permettrait de devenir un adulte intégré dans la société.

Dans ce paradigme, la nécessité de poser des limites aux désirs et aux comportements des enfants paraît incontournable, sous peine de le voir devenir «tout-puissant».

Mais quelles sont les conséquences de cette approche? D'autre part, mettre des limites suppose que leurs comportements sont sous leur contrôle, est-ce bien le cas?

VOUS ÊTES TROP FUSIONNELLE AVEC VOTRE ENFANT.

POUR SON BIEN, VOUS DEVEZ LUI POSER DES LIMITES.

JE DOIS ME MONTRER PLUS FERME!

JE T'INTERDIS DE TE BATTRE! TU SERAS PRIVÉ DE...

Plus tu es fâchée, plus je me sens seul et incompris. Je voudrais bien être moins violent, mais je ne fais pas exprès. Je ne comprends pas ce qui se passe en moi. Un gars me cherche et ça part tout seul. Je sais pas comment faire autrement. J'ai besoin de ton aide, maman.

Dans la théorie de l'attachement, les comportements sont motivés par des besoins. Exacerbée, inadaptée, violente, l'attitude de l'enfant n'est pas un problème, mais une réaction à un problème. C'est une réponse liée à une situation qu'il ne sait pas résoudre, à une frustration affective ou à une surcharge émotionnelle.

L'enfant ne se dit pas «*Je vais agresser mes copains d'école parce qu'alors on s'occupera de moi*». Il éprouve tout simplement corporellement une intense charge de tension, une impulsion d'agression, qu'il contrôle plus ou moins facilement selon ses capacités. Il se retient… mais dans cet état de surcharge, la moindre frustration peut déclencher le passage à l'acte violent. Pour être capable de changer, l'enfant a besoin que son problème soit résolu (voir p. 208), mais tout d'abord, de calmer son stress et donc de recevoir des manifestations d'attachement. La tendresse déclenche la sécrétion de dopamine, sérotonine et ocytocine – les molécules de la joie, de la sérénité et du bonheur – qui calment l'amygdale et diminuent la sécrétion des hormones de stress. Le parent est comme une station essence, une base pour refaire le plein régulièrement.

Comment le faire changer
de comportement ?

L'imagerie cérébrale permet de constater que les enfants ayant bénéficié d'un attachement sécure (voir p. 193) depuis leur naissance ont de meilleures capacités de gestion du stress. Mais, tout comme le réservoir de notre voiture se vide plus vite si nous sollicitons davantage le moteur, le réservoir d'un enfant n'est pas rempli une fois pour toutes.

Une dispute avec des copains, des moqueries, une mauvaise note, une réprimande, une séparation, un échec, nécessitent beaucoup d'énergie d'adaptation et tirent sur le réservoir. Des conflits dans la famille ou un nouveau petit frère en demandent plus encore. Il ne suffit pas d'aimer son enfant, il est nécessaire d'interagir avec lui, de répondre à ses demandes, de lui fournir affection et contact, même maintenant qu'il s'apprête à entrer au collège ou y est déjà. Et particulièrement quand il vit des choses difficiles.

Quand les enfants reçoivent au quotidien leur content d'attachement, ils se sentent en sécurité, ils peuvent se montrer coopératifs, capables de jouer, d'écouter, d'apprendre… En revanche, si maman est stressée ou pire fâchée, si elle reste distante, ou simplement ne prend pas le temps, et si papa n'est pas disponible non plus, le réservoir de l'enfant peut se vider, induisant du stress auquel l'enfant pourra réagir par de l'agressivité ou du retrait.

Si la maman est souvent la principale figure d'attachement, le papa en est une autre, tout aussi importante. Les grands-parents, oncles, tantes, parents de copains, amis des parents, enseignants, commerçants, professionnels de santé, peuvent également fournir de l'attachement à un enfant. Nous sommes tous des figures d'attachement potentielles. Parfois, un regard affectueux, quelques mots permettent à un enfant de se restaurer.

➜ Rien ne peut être changé, ni même analysé et compris, dans une atmosphère de tension et de défiance. La première étape est de faire en sorte que chacun, tant l'adulte que l'enfant, soit partenaire dans le changement.

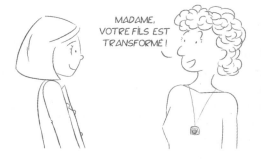

➜ Une bonne disponibilité intérieure et une belle quantité d'énergie sont nécessaires pour grandir, réfléchir, apprendre, ou modifier un comportement. Pour rompre le cercle vicieux du stress (agressivité/punition, retrait d'amour/stress/agressivité...), je remplis le réservoir affectif de mon enfant : je souris, je joue et je ris avec lui, je réponds à ses demandes, j'écoute ses émotions, je lui fournis proximité et contact. Je lui donne dix à vingt minutes par jour de véritable attention. Ce faisant, je me nourris moi-même !

Il se met en rage à la moindre frustration

ON DÎNE DANS 5 MINUTES, C'EST PAS LE MOMENT D'ALLER FAIRE DU ROLLER !

Un mammifère ne se libère de ses tensions que face à sa figure d'attachement. Toute la journée, le petit humain réprime ses émotions, il se tient coi, mais emmagasine les tensions. Le soir, il les libère dès qu'il est face à la personne qui lui voue un amour inconditionnel… maman le

Je ne sais pas pourquoi je fais de telles colères, je fais pas exprès! Quand tu me refuses quelque chose je me sens tout bizarre à l'intérieur. C'est comme si ça explosait en moi. J'ai besoin de toi pour m'aider.

plus souvent, à moins que dans cette famille, ce ne soit papa le plus proche.

Évidemment le processus n'est pas conscient. L'enfant ne se dit pas : *Je vais exprimer mes tensions à ma maman*. Il éprouve juste un état de tension dans son corps. Une frustration minime joue le rôle de déclencheur.

L'enfant n'est pas réellement en train de crier parce qu'il voudrait sortir ou jouer sur sa tablette. Ce n'est que la énième frustration, celle qui lui donne la permission de sortir ses émotions parce qu'il est en présence de sa figure d'attachement.

Les processus dans son cerveau qui contrôlaient son comportement – «Attention, danger, on ne peut pas exprimer ici» – ne sont plus activés. Au contraire, le processus d'attachement s'enclenche : «*Ma figure d'attachement est là, je suis protégé, je peux montrer mes émotions.*»

➜ Une crise de rage disproportionnée?
Il décharge sur moi sa fureur parce qu'il a confiance en moi.
Les crises se répètent? L'enfant a un souci, une angoisse. Tout
d'abord, je remplis son réservoir d'attachement. Une fois son
cerveau de nouveau capable de réfléchir, je l'écoute ou je joue
avec lui pour l'aider à identifier ce qui lui pose problème.
Quand l'enfant ne sait pas mettre des mots sur son malaise, à
moi, le parent, de réfléchir. Quel pourrait être le traumatisme
ou le souci à l'origine de cette accumulation de tensions?
Mésentente du couple parental, violence d'un parent, décès ou
maladie d'un proche insuffisamment parlés, déménagement,
naissance d'un petit frère, avortement, injustice entre enfants,
harcèlement de la part de camarades, ennui et ou humiliations
à l'école...? J'explore avec lui ce qui peut lui peser.

Elle cherche à attirer l'attention

Quand un enfant est inquiet, anxieux, ou se sent seul, exclu, ou simplement s'il s'ennuie[1], **ses circuits cérébraux sont en détresse.** Son cerveau a besoin d'ocytocine, l'hormone délivrée par le contact. Attention, cela ne signifie pas que l'enfant manque d'amour parental. Elle a juste besoin, là, maintenant, de refaire le plein parce que son réservoir, pour une raison X, s'est vidé. Si elle bénéficie d'un attachement sécure, c'est-à-dire qu'elle a l'habitude de recevoir de l'attention quand elle la demande, elle éprouve une impulsion à se tourner vers sa figure d'attachement pour remplir son réservoir et retrouver sa sécurité.

Si le parent répond, ne serait-ce que d'un regard tendre, l'enfant se calme, tout va bien. Le circuit de stress revient au repos (avec quelques larmes une fois dans les bras de maman qui signent non pas la douleur mais au contraire le

---

1. Attention à ne pas confondre ennui et inactivité. Tout un chacun a besoin de temps libre et d'espace pour pouvoir laisser ses idées vagabonder. Les rêveries permettent l'intégration des informations, favorisent les connexions neuronales. L'ennui naît d'une situation de contrainte.

retour au calme). L'enfant remplit son réservoir et est prêt pour de nouvelles aventures.

Si le parent n'est pas disponible à ce moment-là, s'il ne prête pas attention au besoin de l'enfant, le stress augmente dans le cerveau de l'enfant. L'enfant contient, contient… À aucun moment l'enfant ne se dit : « Je vais embêter papa pour qu'il s'intéresse à moi. » Mais son cerveau, stressé, déclenche des comportements de passivité d'abord, puis d'agitation, et enfin de violence.

La passivité passe souvent inaperçue puisque l'enfant ne fait rien. Elle tente de s'occuper. Elle pense à autre chose. Elle n'identifie pas le manque. Elle regarde son papa, mais voyant ce dernier occupé à autre chose elle ne le dérange pas. Elle attend.

Si le papa en question ne se tourne pas vers sa fille pour lui donner l'attention dont elle a besoin, son problème n'étant pas résolu, l'enfant commence à s'agiter ou à faire des demandes excessives. Elle ne s'agite pas pour attirer l'attention, mais à cause du stress dû au manque d'attention. Elle remue sur sa chaise, se balance, elle cherche des comportements qui la calment. Ce sont en général des gestes répétitifs, saccadés.

Si le parent ne répond toujours pas, le stress augmente dans le cerveau, l'enfant sent monter en elle de plus en plus d'énergie, elle éprouve des impulsions à bouger, courir, taper… et peut se montrer agressive.

Il est violent sans crier gare

Si l'enfant a l'habitude d'être ignoré, rejeté, ou frappé, il peut ne même pas demander d'attention, mais passer directement à la phase agressivité.

➜ Nous ne dirions pas à notre enfant: «Tu as faim? Alors tu ne mangeras pas! Tu te frottes les yeux? Alors tu ne dormiras pas!» Alors pourquoi réagir négativement quand nous remarquons que son comportement est une demande d'attention? Pourquoi refuser du contact et de l'attention et attendre que la violence éclate?

Je peux décrire le comportement observé puis faire une proposition pour satisfaire le besoin: «*Je vois que tu agites tes jambes, tu veux faire un jeu avec moi?*» Et surtout, je veille à lui donner de l'attention dès qu'elle en demande! Si je ne suis pas disponible, je peux accueillir la demande et prendre un rendez-vous (que je tiendrai!): «*Tu t'ennuies, on dirait. Je termine ce dossier puis je lance une machine et je viens dans ta chambre, ça va comme ça? / Veux-tu faire un dessin/un puzzle/un casse-tête en attendant?*»

Si je reçois un ami, autant remplir le réservoir de mon enfant de manière à ce qu'elle ait une autonomie suffisante pour s'occuper seule pendant sa visite: «*Je joue cinq minutes complètement avec toi, et après je suis avec mon amie. (Et je prête à mon amie ce livre pour l'occuper pendant ce temps-là.)*»

Il refuse le contact

EH BIEN, MATHIEU, RESTE AVEC MOI, JE VIENS JUSTE DE RENTRER !!

JE VAIS DANS MA CHAMBRE

Tu m'as manqué ! J'avais besoin de toi et tu n'étais pas là, trop longtemps. Ça m'a fait mal. Mais je ne veux pas sentir que je suis un poids pour toi, alors je me fais tout léger. Je te dis que je préfère m'occuper tout seul pour que tu ne te sentes pas obligée d'être avec moi. Je déteste que tu te sentes obligée. Je préfère m'enfermer dans ma chambre et jouer tout seul.

- Pour ne pas sentir, et même parfois pour ne pas nous déranger, il se distancie… ou peut même devenir agressif.

Quand son enfant lui ferme sa porte, le parent qui aura été victime de réactions de rejet de la part de ses propres parents, et donc à la sécurité intérieure fragile, risque de réagir de manière défensive à ce qu'il interprète comme un désamour de l'enfant.

Avant même qu'il ne réfléchisse, son hippocampe (la petite structure cérébrale juste à côté de l'amygdale qui gère nos souvenirs) se souvient du danger, mobilise le cerveau limbique (les zones émotionnelles) et inhibe le cerveau frontal (celui qui réfléchit). Le parent a alors tendance à se protéger plutôt que de rester attentif à son enfant, il s'éloigne ou se met en colère. Parfois, pour justifier son retrait, le parent décrète cette distance comme naturelle, voire éducative, «il a besoin de solitude/il aime être seul à faire ses petites affaires dans sa chambre…».

➔ L'enfant évite mon regard? C'est un appel! Il se renferme?
Il n'attend qu'une chose: que je rétablisse le lien.
Un temps dédié à l'enfant restaurera la connexion.
Câlins, jeux, rires, massage... Le refus et les larmes précéderont peut-être (probablement) la reconnexion. S'il me ferme la porte de son cœur, il attend que je franchisse cette barrière. Il craint d'être déçu, d'avoir mal de nouveau. Il se protège. Même si j'ai trahi sa confiance, rompu une promesse, l'ai puni injustement, il a envie de pardonner, il a besoin de se sentir aimé et en lien.

De toute façon, tu ne comprends jamais rien. Tu me manques, j'ai peur, je ne sais pas comment faire pour te rejoindre.

En réalité, le parent projette son propre parent sur son enfant, il n'ose entrer dans la chambre ou solliciter un bisou, tant il est terrifié à l'idée de rencontrer de nouveau le rejet, celui qui l'accueillait quand il tentait de se rapprocher de ses parents.

Va dans ta chambre !

Le retrait d'amour est souvent utilisé pour obtenir obéissance. C'est efficace sur le court terme, mais à quel prix! Les Anglo-Saxons parlent de *time-out* comme dans le sport. Les Français envoient les enfants au coin.

> *Je me sens encore plus seule et démunie. Je suis mauvaise... Papa ne m'aime pas, c'est pas juste... De toute façon, je vais me venger.*

L'idée est de mettre l'enfant à l'isolement pour qu'il puisse réfléchir. Ce qu'il fait rarement avant treize ou quatorze ans. À quoi pense donc un enfant isolé dans sa chambre?

Quand une enfant se comporte mal, nous avons tendance à nous éloigner d'elle, l'idée de nous rapprocher pour lui faire un câlin ou de lui donner de l'attention nous choque presque, car il nous semblerait récompenser son comportement négatif!

JE M'EN VAIS !

Nous, parents, pensons souvent devoir conserver une attitude sévère et froide pour qu'elle «comprenne qu'elle a mal agi». Mais l'amour n'est pas une récompense, c'est un carburant. Cela ne nous viendrait pas

TU ME CONDUIS JUSQU'À PARIS ET SI TU ROULES BIEN, JE TE METS DE L'ESSENCE.

à l'idée avec une plante qui ne pousse pas correctement ou avec notre voiture! Si cette dernière est en panne, nous ne la culpabilisons pas, nous remplissons son réservoir.

➜ Un problème? Première urgence, restaurer le contact et éviter le rapport de force. Pourquoi pas un «time in», un temps partagé? Faire un gâteau, jouer, aller courir ensemble dehors. Le coin pourrait se révéler une chouette idée finalement. À condition que ce soit un coin qui permette réellement de trouver les ressources pour un meilleur comportement.
Ce coin sera donc un lieu accueillant, confortable et chaleureux pour que le cerveau se sente suffisamment en sécurité, et permettre aux zones exécutives frontales de s'activer.
Mon objectif n'est pas que l'enfant «paye» mais qu'il change de comportement.

Il veut toujours quelque chose de plus

MAMAN,
JE VEUX UN FILM,
ENCORE UN,
ENCORE UN ! !

Une demande exagérée est souvent à entendre comme une demande déguisée de contact. L'enfant se sent en manque sans en identifier la source et ne demande donc pas directement. Surtout si le parent est occupé. Il cherche une autre source facile de satisfaction : confiseries, gâteaux ou écrans…

IL ME HARCÈLE.
CE N'EST PAS VRAIMENT
UN FILM QU'IL VEUT.

VIENS, ON VA FAIRE DU ROLLER
ENSEMBLE DEHORS.

Elle est sans cesse en demande

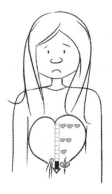

Un traumatisme a fait un grand trou dans son réservoir. Ou bien une situation douloureuse y fait plein de petits trous de doute. Elle souffre d'une situation difficile à l'école ou se sent en insécurité dans la famille parce que quelque chose n'est pas dit ou pas clair… L'accueil tendre de ses émotions répare petits et grands trous.

Il est tout le temps collé à moi

→ Parfois, c'est notre propre réservoir qui est percé... Nous sommes fatigués, stressés... et nous manquons de tendresse et de contact.

L'enfant se colle à nous non pour se remplir lui, mais pour nous assurer de son amour. L'urgence est de nous occuper de nous, de retrouver du goût à la vie, de résoudre nos propres problèmes, de tisser des liens... pour libérer notre enfant de cette tâche trop lourde pour lui de nous rendre heureux. N'oublions pas que nous ne sommes pas la seule source d'attachement de l'enfant.

Elle réclame que je lui téléphone pendant la colo

 Un coup de fil de maman libère de l'ocytocine. C'est ce que démontre une étude américaine réalisée auprès d'une soixantaine de fillettes âgées de sept à douze ans[1]. On leur a proposé de faire des exercices de mathématiques devant des adultes qu'elles ne connaissaient pas. Cette situation angoissante a provoqué chez l'ensemble des fillettes une forte sécrétion de cortisol, hormone du stress, mesurée dans la salive et l'urine.

Ainsi déstabilisées, elles ont été divisées en trois groupes. Les filles du premier groupe ont chacune été réconfortées par leur mère qui leur a parlé en les serrant dans ses bras. Le deuxième groupe a pu discuter avec sa mère, mais au téléphone. Tandis que le dernier groupe a regardé le film *La Marche de l'empereur*. Résultat, les fillettes ayant pu interagir avec leur mère, que ce soit par un contact physique direct ou par téléphone, ont eu la même réponse hormonale (dont la durée s'est étendue sur plusieurs jours). En revanche, aucune trace d'ocytocine n'a été retrouvée dans les urines des fillettes ayant regardé le film.

---

1. Expérience pilotée par Leslie Seltzer, à l'Université de Wisconsin-Madison, USA.

Si le stress dope parfois les performances, d'autres réussissent mieux
leurs exercices de maths avec de
l'ocytocine qu'avec du cortisol.
Nous pouvons faire confiance à nos
enfants pour nous dire ce dont ils
ont besoin.

➡ Est-ce pour moi que je téléphone? Pour ME rassurer?
Exercer mon contrôle parental? Ou est-ce parce qu'elle me le
demande pour se recharger en ocytocine et repartir de plus
belle vers ses amies? C'est important pour mon enfant de vivre
sa vie en dehors de moi. Je lui donne la permission de ne pas
me téléphoner. Si ma fille me demande de l'appeler pendant
ses vacances, je vérifie ses motivations. S'il s'avère qu'elle se
sentira mieux et plus à l'aise si je l'appelle, je le fais. Et je lui
donne toujours la possibilité de me joindre.

Ils ne racontent jamais rien

ALORS, COMMENT ÇA S'EST PASSÉ ?

BIEN

Je ne sais pas répondre à tes questions. Pourquoi c'est si important ce que j'ai mangé? Je ne sais plus, et je m'en fiche. C'est tout juste si j'ai fait la différence entre les pâtes et le poulet à midi, j'étais bien plus intéressée par mes copains que par ce qu'il y avait dans mon assiette.

QU'EST-CE QUE VOUS AVEZ FAIT ?

RIEN !

QU'EST-CE QUE TU AS MANGÉ À LA CANTINE ?

COMME D'HABITUDE

Comment ça s'est passé est une question si vague que leur cerveau ne sait pas quoi ni où chercher pour nous répondre. De plus, s'ils se sentent au rapport plutôt qu'en rapport avec nous, ils se renferment.

S'ils ne disent rien, c'est aussi que nous laissons peu d'espace à la confidence. Connaissons-nous nos enfants ?

Oui, nous savons qu'ils aiment le foot ou le basket, qu'ils veulent une feuille de salade et deux tranches de tomate dans leur sandwich, mais les connaissons-nous vraiment ? Savons-nous ce qui se passe dans leur tête ?

Nous sommes si habitués à les côtoyer, que la vie en commun se résume parfois à la gestion du quotidien.

→ Lors d'un trajet, en préparant le dîner, pendant le repas ou le soir au coucher, dans un moment calme de préférence, je crée un moment d'intimité. Je commence par rester silencieuse et écouter.

Puis j'ouvre. C'est un partage, pas une enquête. Je parle moi aussi de ce que j'ai aimé et moins aimé dans ma journée.

Puis : « *Et toi, qu'est-ce qui t'est arrivé de plus sympa aujourd'hui ?* », « *Qu'as-tu fait aujourd'hui qui t'a fait te sentir fier de toi ?* », « *Qu'est-ce que tu as préféré aujourd'hui ?* »

Enfin, je peux aborder : « *Qu'est-ce qui a été le plus dur dans ta journée ?* »

Elle rejoue les situations

💡 Nous attendons que les enfants nous parlent dans notre langage. C'est parfois trop difficile pour eux, même s'ils ont déjà huit ou dix ans. De manière générale, les parents parlent trop. L'enfant a un autre langage : le jeu. Dans le jeu, elle s'exprime. Elle peut ainsi arriver à dire toutes sortes de choses qu'elle ne pourrait verbaliser, parce qu'elle n'ose pas, mais aussi parce qu'elle n'en a pas conscience, elle n'a pas encore élaboré son problème.

Tous les enfants rejouent naturellement leurs moments difficiles. Ça les aide à prendre de la distance, à sortir de l'impuissance et à regagner un sentiment de maîtrise. Quand la situation est compliquée et les dépasse, jouer avec eux peut les aider grandement.

D'une part l'enfant se sent acceptée et comprise. D'autre part le parent incite l'enfant à trouver de nouvelles options (sans les lui souffler !).

➜ Je mets en place la situation à l'aide de poupées, peluches, figurines et, tout en restant très présente, je la laisse poursuivre le jeu. Si j'anime un personnage, je demande à l'enfant ce qu'elle a envie de faire, ce qu'elle dirait… Il est important de laisser toujours l'enfant maîtresse des mouvements et des paroles des personnages.

Le parent est un facilitateur ; je fournis support et encouragements, mais les solutions viennent de l'enfant. Je me contente de lui permettre d'élaborer et de tester différentes solutions à son problème.

Je peux aussi utiliser les contes, recourir aux métaphores, pour lui donner des idées et des ressources.

Ses copains ne veulent pas de lui dans leur équipe

Tous les animaux jouent (même les fourmis ou les langoustes). Ils le font pour exercer leurs compétences, apprendre à maîtriser leurs impulsions, se situer les uns envers les autres, et pour... le plaisir.

Les enfants qui jouent développent de meilleures compétences langagières et sociales, sont moins agressifs et plus susceptibles de se montrer gentils avec les autres, montrent davantage de self-control et de capacités à penser, manifestent de meilleures compétences d'autorégulation émotionnelle et davantage d'imagination.

Le jeu est chose sérieuse pour un enfant, c'est son travail. Il ne perd jamais son temps quand il joue. Et nous non plus à jouer avec lui. Il y a tant de compétences à acquérir, rattraper un ballon, faire une passe, mettre un panier, compter, se battre, se concentrer, perdre…

Par le jeu, le parent enseigne à son enfant les compétences physiques, émotionnelles et sociales dont il aura besoin avec ses pairs.

➔ Je l'entraîne (avec patience et en tenant compte de ses forces et de ses faiblesses) !

Elle veut toujours gagner

Elle triche ? Il refait les règles à son avantage ? Nous ne faisons que perdre ? Notre enfant a vraisemblablement besoin de gagner (en ce moment) pour restaurer son pouvoir personnel parce qu'il s'est senti (ou se sent encore) impuissant.

Et puis, il s'agit en réalité d'équilibrer les forces. Étant adulte, je suis naturellement plus fort à la plupart des jeux.

→ Pour apprendre à perdre, l'enfant a besoin de se sentir solide, sûr de lui, puissant. Il a besoin de nous pour gagner, gagner, et encore gagner, engranger ainsi un sentiment de puissance et de compétence, et prendre suffisamment d'assurance pour pouvoir ensuite supporter de perdre face à ses copains.

Pour l'entraîner à perdre, je lui montre comment je fais! Je ne suis pas là pour être en compétition avec mon petit de sept ou onze ans. S'il veut absolument gagner, je peux le laisser faire, parfois ostensiblement, en exagérant mon incompétence. Même si une certaine joute est constructive, je mesure ma force et n'oublie ni mon rôle d'éducateur/entraîneur/coach/parent... ni mon véritable objectif – lui permettre de grandir, de se sentir puissant.

Qui est le mauvais perdant, quand papa refuse de laisser gagner son fils?

Quand je gagne mon papa, je me sens fort! Ça me fait chaud à l'intérieur. Je me sens FORT! Quand j'ai assez gagné avec toi, je peux aller jouer avec les autres enfants, je n'ai plus peur de perdre.

OH, ZUT! T'ES TROP FORT!

Il me met en joue

Les études montrent que jouer avec des armes, surtout quand elles sont copies conformes des vraies, augmente le niveau d'agressivité. En revanche, les bouts de bois utilisés comme épée ou carabine «Pan, t'es mort!», les pistolets à eau multicolores… sont non seulement inoffensifs, mais permettent à l'enfant d'explorer toutes sortes de sensations, sentiments et émotions.

→ Et pourquoi pas emboîter le pas à Lawrence Cohen[1] qui propose de redéfinir le jouet guerrier en «pistolet d'amour»? Nous nourrissons ainsi le besoin de connexion de l'enfant en restant dans nos valeurs non-violentes! Humour et attachement vont de pair!
C'est non seulement un merveilleux moyen de rester connecté à son enfant, mais cela nous aide à relativiser l'importance de certains de ses comportements.

1. Lawrence Cohen, *Qui veut jouer avec moi?*, Éd. JC Lattès.

Plus je joue avec elle, plus elle en demande

→ Nous sommes fatigué(e)s, épuisé(e)s, sous stress, ou nous-mêmes n'avons pas joué avec nos parents et l'intimité n'est pas facile pour nous. L'enfant le sent. Nous jouons, câlinons, en pensant à la liste des courses, au dossier à rendre ou aux travaux à faire dans la maison. Nous faisons les gestes, mais le cœur n'y est pas. Or seul le cœur remplit le réservoir.
Dix à vingt minutes de présence et d'écoute de l'enfant à 100 % sans même répondre au téléphone le combleront.
Et puis, en réalité, ça nous défatigue aussi !
Choisissons le matin ou juste au retour de l'école car autant remplir le réservoir avant que la jauge n'indique la panne et ne mette le cerveau sous stress ! Plus nous intervenons tôt, moins il faudra de temps pour que le réservoir soit rempli à ras bord.

. Un jeu dès le matin entraîne une réduction considérable des plaintes, pleurs et chamailleries dans la suite de la journée. Les enfants jouent plus volontiers et plus calmement ensemble quand ils ont joué avec un parent, et que leur réservoir est donc bien plein.

Jouer avec un enfant en se montrant attentive à ses émotions, interagir avec lui, parler, écouter, ont une incidence sur le niveau des hormones de stress dans les urines de l'enfant, sur la régulation de sa tension et sur l'indice de masse corporelle.

Même les difficultés, les situations stressantes n'auront pas ou peu de prise sur ses paramètres corporels.

Rire et se chamailler « pour de faux »

Rire ensemble permet de décharger les tensions et charge l'organisme en ocytocine, l'hormone du bonheur. L'enfant, comme le parent, se sent plein, heureux, rassasié. Et une crise de rire est tout de même plus sympa qu'une crise de rage ! On se sent bien ensemble.

Le rire guérit, il augmente les défenses immunitaires et rire ensemble rapproche !

→ Les batailles d'oreillers apaisent les tensions familiales. En choisissant une pièce sans objet fragile, des coussins légers, on dessine ou on matérialise une ligne de séparation et on fait les groupes. Les enfants d'un côté, les parents de l'autre, ou bien les garçons d'un côté les filles de l'autre... et c'est le chahut ! Cris et défis sont les bienvenus. Le tout se termine en général par une mêlée chaleureuse pleine de rires.

Le chahut finit-il toujours en larmes ?

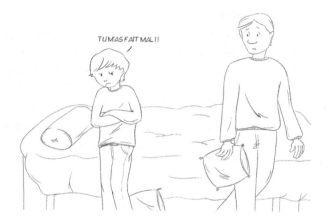

Parfois les pleurs et les conflits qui surgissent parlent de tout autre chose. Grâce au jeu, l'enfant se sent suffisamment en confiance pour oser confier une blessure. En transposant ses mots dans un autre contexte, ils prendront leur sens.

J'aime bien me bagarrer pour de faux avec toi, mais j'aime pas quand tu y vas trop fort.

➜ Quand il dit « Ce n'est pas juste », je devine que peut-être il vit quelque chose comme injuste en ce moment. Reste à savoir quoi en écoutant ses confidences le soir au moment du coucher, dans la voiture ou en jouant.

Les petits garçons comme les petites filles ont besoin de se mesurer physiquement. Avec pour chaque sexe un accent un peu différent. Les muscles des garçons vont bientôt devenir puissants, et il leur faudra savoir doser leur agressivité. Lionceaux, chatons ou chiots… tous les mammifères jouent à se battre pour apprendre à maîtriser leur corps et à mesurer leurs coups. Découvrir les limites «ça fait mal» fait partie de l'apprentissage. Les garçons apprennent ainsi à chahuter et même à se mettre en colère en sachant mesurer leur force. Quand on a un corps d'homme, mieux vaut savoir le maîtriser pour ne pas risquer de se montrer violent plus tard avec sa femme (ou ses enfants) dans un moment de fureur ou d'exaspération.

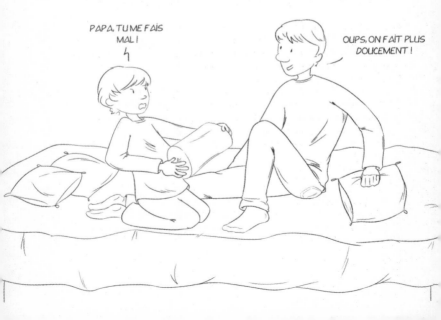

Les filles, elles, seront moins fortes physiquement lorsqu'elles seront femmes. Mais, du fait de la culture, elles ont tendance à ne pas oser leur puissance. Elles ont donc besoin d'affrontement physique pour oser aller au corps, oser s'affirmer. Il est particulièrement important de leur offrir suffisamment de résistance pour qu'elles éprouvent leur force et de les laisser avoir le dessus pour qu'elles expérimentent les sensations de puissance et de pouvoir personnel.

→ On borde le jeu par des règles : pas de coup de poing, pas de coup de genou... On ne se fait pas mal. Quand on dit STOP, on s'arrête net !
Avec plusieurs enfants, on peut définir des fonctions à chacun et organiser des tours. *Je fais la bagarre avec Murielle. Thomas, tu surveilles le temps. Et toi, Hugo, tu fais l'arbitre. Après, on tourne !*
Je suis adulte, donc forcément physiquement plus fort que mon enfant. Inutile de faire étalage de ma suprématie. L'humilier n'est pas le but. Bien au contraire, je désire qu'il expérimente sa puissance, toute sa puissance. Tout en offrant une certaine résistance, je laisse le dessus à l'enfant.
Le bras de fer est une alternative intéressante, plus facile pour certains qui ont du mal à chahuter. On peut aussi « faire la force » en s'opposant par les mains paumes contre paumes à quatre pattes. La bataille de pouces a aussi beaucoup de succès et est facile à mettre en place au restaurant ou dans la voiture !

Accueillir leurs émotions

Les émotions ne sont que des émotions, c'est-à-dire des réactions qui surgissent et qui passent ! Et pourtant, elles nous inquiètent, nous désarment... Plus les enfants sont jeunes plus ils manifestent bruyamment, leur néocortex ne leur permettant pas encore de tempérer les réactions de leur cerveau émotionnel. Nous interprétons les pleurs comme de la souffrance et cherchons à les calmer. Les cris de joie nous percent les oreilles. Les fureurs nous fâchent. Nous sommes démunis devant leurs peurs ou leurs déceptions... et lorsqu'ils expriment un souci, nous nous pensons missionnés pour le résoudre.

Les émotions sont juste à écouter, à accueillir. La vie n'est pas toujours facile. Il est important de pouvoir partager nos émotions, d'oser parler ensemble de ce qui fait mal, de ce qui fait peur pour ne pas faire de nœud dans notre cœur.

On a volé sa gomme et autres petits soucis

💡 - Elle se plaint? Il souffre? Notre sang ne fait qu'un tour! C'est-à-dire que notre circuit d'inquiétude et de stress est activé.

Et nous nous protégeons de ce stress… au lieu d'écouter et d'aider l'enfant! Selon notre style (une habitude acquise depuis l'enfance), nous mobilisons en nous le Sauveur, le Persécuteur ou la Victime.

Plus tu cherches à me consoler ou à résoudre mon problème, plus je me sens incomprise, jugée, niée, rejetée! Si tu m'accuses, ne t'étonne pas que je me ferme. Je me fais toute dure pour ne pas sentir.

Sauveur, nous consolons, prenons en charge le problème…

Persécuteur, nous insistons sur une culpabilité de notre enfant : « *Qu'est-ce que tu lui avais fait ?* »…

Victime, nous nous plaignons : « *De toute façon notre famille n'a jamais été aimée…* »

Tu n'aimes pas que je pleure ou que je me plaigne. C'est comme si je n'avais pas le droit de souffrir. Si je mets un sourire sur mes lèvres et me montre mignonne, tout va bien. Seulement, je perds peu à peu confiance et même le contact avec mon vrai moi. Bon, je vais regarder une série à la télé en grignotant pour ne plus y penser.

➔ Chaque fois que je parle, que je tente de la conseiller, même avec le désir de l'aider, je l'empêche de démêler elle-même son problème. Inutile de lui démontrer que je me débrouille mieux qu'elle !

Quelques interjections pour souligner mon intérêt seront suffisantes : Oh ! Ah ? Eh bien !

Ni questions, ni commentaires… Je laisse un peu de silence et je peux l'entendre résoudre son problème toute seule ! Elle se sentira capable.

C'est ainsi que je l'accompagne dans l'élaboration d'un sentiment d'identité fondé sur l'intériorité et non sur l'image qu'elle projette.

Après un temps de reconnexion pour restaurer le lien, je pourrai décrire ce que je vois et reconnaître ses émotions.

Il pleure

L'exclusion génère des hormones de la douleur. Se faire traiter par ses camarades est une sacrée épreuve ! En pleurant, il se libère de ses tensions. Ensuite, il pourra réfléchir à la situation et trouver des options.

➜ J'écoute... et je mesure sa douleur. Je peux utiliser l'imagerie mentale : ces larmes sont chargées de toxines, comme du poison qui a besoin de sortir pour qu'il s'en libère.
Pour m'aider à ne pas prendre toute cette souffrance en plein cœur, je visualise devant moi un bol dans lequel je recueille mentalement le liquide poison.

Elle tremble alors que c'est fini !

 Nous confondons souvent l'émotion avec sa seule expression, soit la phase de libération des tensions.

En réalité, l'émotion a commencé bien avant. C'est une réaction en trois phases : alarme, tension, décharge.

1. L'organisme se prépare à réagir.

2. Il nous fournit l'énergie dont nous avons besoin pour agir.

3. Une fois le danger (par exemple) passé, l'expression (tremblements, pleurs, plaintes) décharge les tensions, et le corps revient au calme.

Quand le danger est passé et qu'ils sortent du figement, les mammifères sont animés de secousses avant de reprendre leurs activités.

Le système nerveux autonome nous permet de nous adapter à notre environnement en maintenant l'équilibre intérieur de notre corps. Il est constitué de deux systèmes :

Le système *sympathique* active les réactions d'attaque ou de fuite.

Le *parasympathique* permet au corps de revenir à son état d'équilibre. Les pleurs sont des réactions activées par le système parasympathique. Larmes, secousses, tremblements sont des manifestations du retour au calme de l'organisme.

BEN, NE PLEURE PAS
COMME ÇA !

TU AS EU PEUR !
SECOUE DEHORS TOUTE
CETTE PEUR !

➡️ J'évite de rassurer, je l'incite à «secouer»
tout ça dehors, surtout si elle s'était figée.
J'accueille ses larmes en m'imaginant les
recevoir dans un récipient que je tiens devant
moi (pour ne pas prendre le tout en plein cœur).

Elle est furieuse

Il arrive que le mouvement augmente l'excitation au lieu de mener à la relaxation. C'est le cas quand le cerveau est submergé, chez les enfants très sensibles et dont les circuits cérébraux sont hyperactivés.

Les enfants ont alors besoin de se sentir maintenus, contenus, comme rassemblés. Des sensations de pression ferme (et tendre) calmeront leur système d'alarme.

➜ Si l'enfant est en colère, on peut lui proposer de frapper sur un coussin dédié, *le coussin de colère*. Mais cette technique peut avoir des résultats mitigés si elle n'est pas utilisée correctement. En effet, les gestes courts, rapides, comme cogner avec les poings sur un coussin ou un punching-ball n'ont pas le même impact que les mouvements amples. Pour décharger les tensions de la colère sur un coussin, il est important de lever bien les deux mains au-dessus de la tête avant de frapper le coussin, de manière à bien ouvrir le plexus, respirer profondément, et mobiliser des muscles larges. Les gestes courts et rapides ont tendance au contraire à renforcer le sentiment d'impuissance et à entretenir la colère.
Ce peut toutefois être une étape intermédiaire avant de se laisser trembler et de terminer par de profondes respirations.

VOILÀ, TU PEUX SENTIR TA RESPIRATION COMME ÇA.

➜ Mettre les mains autour de leurs épaules ou de leurs hanches, et presser fermement vers l'intérieur en respirant calmement. Et notre respiration calme peu à peu la leur. Au fur et à mesure, ils peuvent apprendre à se rassembler seuls en se serrant.

Il a peur des chiens

AU SECOURS, PAS LE CHIEN ! J'AI PEUR ! J'AI TROP PEUR !

WOUAF ! WOUUUF ! WOUF ! WOOUF ! WOUF

Jouer aide l'enfant à se sentir entendu et compris dans ses émotions et besoins, et lui permet d'expérimenter la position du Persécuteur (le chien agressif, le médecin qui fait la piqûre, le prof qui crie…).

Cette position de pouvoir lui permet de mieux intégrer l'expérience et de restaurer son sentiment de sécurité. Il s'est senti fragile et impuissant, il retrouve grâce au jeu son pouvoir personnel.

J'adore rire et encore plus quand tu ris avec moi ! Je me sens tellement bien, je t'aime !

➔ Il est le chien « pour de faux », je prends la position basse, je joue terrorisé, paniqué, pleurant. Je prends soin de surjouer tellement excessivement qu'il est clair pour l'enfant que c'est du jeu.

Elle est douce un moment, fait une crise de rage l'instant suivant

Est-ce de l'émotion ? L'intensité de la réaction, la brutalité de l'explosion parlent d'autre chose. L'enfant vit peut-être des choses difficiles, réprime ses émotions. Elle éclate par moments quand les barrières de la répression lâchent, c'est-à-dire lors d'une énième petite frustration ou lorsqu'elle est fatiguée.

Quel âge a-t-elle ? Si sa puberté commence, les hormones sont à l'œuvre, et peuvent déclencher des sautes d'humeur. Inutile de se sentir attaqué alors qu'elle est en train de se transformer !

L'autre piste est… entérique, c'est-à-dire dans les intestins, notre deuxième cerveau. En effet, ce dernier contient cent millions de neurones et fonctionne indépendamment du premier cerveau. La piste alimentaire commence tout juste à être explorée, mais les résultats sont édifiants.

Je ne sais pas pourquoi je fais tant de crises. Mais tout à coup tout m'énerve, je me sens mal et j'ai envie de tout casser.

En cas d'explosion brutale, le premier facteur à considérer est **le sucre**. Eh oui, ce dernier n'est pas seulement impliqué dans les risques d'obésité. Chez certains enfants (et adultes) sensibles, il altère l'humeur, perturbe l'attention et peut rendre agressif. D'autres aliments peuvent aussi causer des problèmes émotionnels et comportementaux[1].

➜ Si mon enfant demande du sucré tout le temps (ou des produits salés au goût, mais faits à partir de farine blanche), s'il explose facilement en pleurs ou en rage, s'il dramatise et a des réactions exacerbées, s'il est impulsif et agit sans réfléchir, s'il dit non tout le temps ou se montre grognon, s'il n'arrive pas à se concentrer, ou se concentre tellement qu'il oublie tout le reste, et même s'il n'a pas d'amis à l'école, il peut tout simplement avoir un problème avec le sucre.
Des tests peuvent permettre au médecin de détecter une difficulté à réguler la glycémie. Mais des effets peuvent être constatés dès vingt-quatre heures de suppression de tout sucre blanc. L'expérience ne coûte rien[2].

1. Plus d'informations sur cette question et sur le processus par lequel le sucre influe sur l'humeur dans mon livre *Bien dans sa cuisine*, JC Lattès (réédité en Poche Marabout sous le titre *Un zeste de conscience dans la cuisine*).
2. Attention, si l'enfant consomme beaucoup de sucre, il est important de diminuer progressivement la quantité. Une suppression brutale pourrait déclencher des réactions de manque.

6 à 7 ans
L'âge de
l'imaginaire

HIER, J'AI VU UN « TITANESKOSAURE »
GRAND COMME ÇA, AU MUSÉE.
IL A MÊME BOUGÉ UN PEU SA PATTE !
MAIS MOI, J'AI PAS EU PEUR !

Jusqu'à sept, huit ans, un enfant ne fait pas comme nous, adultes, la différence entre réel et imaginaire. Il raconte des histoires… et leur donne le même niveau de réalité que le «réel». Tout ce qui n'est pas vrai aux yeux des parents n'est pas forcément mensonge.

Nous aussi racontons des histoires, vibrons en lisant un roman en nous identifiant aux personnages! Les petits jouent beaucoup avec leur imaginaire. Ils inventent des mots, jouent avec. Mais si eux jonglent avec leur imaginaire, ils peinent à comprendre que les autres le fassent, et ignorent le second degré des plaisanteries. Ils prennent ce qu'on leur dit au pied de la lettre. Ce qui les rend très sensibles à la moquerie.

Elle raconte des histoires à dormir debout

Avant sept ans, on ne parle pas de mensonge. Entre cinq et dix ans, la maturation des lobes sensitifs du cerveau déclenche parfois des phénomènes étranges. Si elle entend la voix de son père, pourtant absent, lui parler, elle n'est pas devenue folle ni menteuse, c'est la zone auditive de son cerveau qui s'active, celle qui s'allume quand on se parle à soi-même. L'enfant est en train de se familiariser avec cette fabuleuse voiture de course qu'est son cerveau.

Dans cette même période, il semble que deux enfants sur trois aient un ami imaginaire (parfois plusieurs!), sur une plus ou moins longue durée. Cet ami a un prénom, l'enfant le voit et peut le décrire...

Cela ne signifie pas que l'enfant aurait des difficultés à se faire de vrais amis. Il s'agit en quelque sorte d'une projection de certaines parties de l'enfant, il les vit comme extérieures à lui. Il les intégrera peu à peu comme différentes composantes de sa personnalité. C'est ainsi que l'ami peut avoir peur du noir, ou être très jaloux, libérant ainsi l'enfant de ces sentiments. C'est aussi l'ami qui endossera nombre de «fautes». « *C'est Jonas qui a fait tomber l'assiette.* »

→ Nous pouvons accueillir l'ami imaginaire et laisser l'enfant lui mettre une assiette à table, de la même manière que nous accueillerions l'ours en peluche ou la poupée. Sachant que l'ami est une «partie» de notre enfant, nous pouvons aussi utiliser cette voie pour communiquer avec lui.
Notamment, pour évoquer des thèmes sensibles qui seraient difficiles à aborder de front avec l'enfant. « *Qu'est-ce qu'elle se dit ton amie Amélie quand elle nous entend nous disputer papa et moi?* »

Il me ment

NON, C'EST PAS MOI !!

Avant sept ans

Avant l'âge de sept ans, et souvent encore après, l'enfant cherche à faire plaisir au parent… Si le parent demande d'un air contrarié « C'est toi qui as fait ça ? » l'enfant comprend que son parent est fâché à cette idée, et donc répond : « Non, c'est pas moi. » Il donne la réponse attendue. Dire la « vérité » n'a pas grand sens pour lui. Il ne réalise pas qu'il est censé dire que c'est lui. Il ne comprend pas encore tout à fait la notion de responsabilité (ça viendra à partir de sept ans). Inversement, quand il avoue que c'est lui, ce n'est pas forcément vrai ! S'il a compris que dire que c'est lui vous calmera, il le fera.

Il se peut aussi qu'il exprime un désir. Il l'annonce comme s'il était déjà réalisé, car il le voit dans sa tête. Comme, avant l'âge de sept ans, les limites du réel et de l'imaginaire sont un peu floues et qu'il ne maîtrise pas totalement la grammaire, il décrit ce qu'il a vu, sans préciser que c'était dans sa tête.

Parfois, l'enfant «dit» ainsi autre chose, il parle d'un souci qui lui pèse. Si ce qu'il dit est «faux» par rapport à la situation présente, est-ce que cela pourrait se révéler vrai par rapport à autre chose?

Après sept ans

Un enfant de sept ans aime bien faire, être le meilleur. Il blâme volontiers autrui pour ses propres fautes tant il a besoin de protéger son image de lui-même. Accusations, critiques ou simplement constat d'échec sont trop douloureux. Il peut aussi mentir ou dissimuler la vérité par crainte d'une punition. Le meilleur moyen de lui éviter de mentir est de s'abstenir de lui faire honte et peur et de rester une personne de confiance, à qui, donc, il peut se confier.

→ Les enfants apprennent par imitation. Ils nous regardent. Nous sommes leurs modèles. Que nous le voulions ou non, nous enseignons par nos comportements quotidiens. Alors, je fais attention à ne pas lui mentir, même pour « ne pas le faire souffrir ».

Elle ne veut même pas goûter

Presque tous les enfants traversent une période pendant laquelle ils se montrent particulièrement difficiles à table, cela fait partie du développement naturel du cerveau. Nommée néophobie (phobie de la nouveauté), cette réaction est particulièrement intense entre quatre et sept ans, 77 % des enfants refusent de goûter les aliments qu'ils ne connaissent pas. Les parents croient souvent que s'il goûtait, il aimerait, mais entre quatre et sept ans, goûter ne les fait pas changer d'avis. Ce n'est qu'à partir de sept ans qu'ils peuvent découvrir qu'en définitive ce n'est pas si mauvais.

S'en tenir à des aliments connus est une question de sécurité. Dans la période critique, même un aliment aimé mais présenté différemment peut être refusé…

Si le problème persiste et devient vraiment envahissant, il peut nécessiter une attention particulière. Si l'enfant ne veut manger qu'un seul et même aliment à tous les repas, une anxiété peut être à entendre.

➜ Un enfant déguste plus facilement un fruit ou un légume qu'il a cueilli ou cuisiné lui-même.

Je peux lui enseigner du vocabulaire sensoriel, c'est piquant, doux, croquant, pour éviter le refuge dans les termes «j'aime, j'aime pas» ou «c'est bon ou mauvais pour la santé».

Plus on est familiarisé avec un aliment, plus on l'aime. De nombreuses expériences l'ont prouvé. Ce n'est pas parce qu'un enfant a refusé un aliment un jour que nous ne lui en proposons plus. Un peu plus tard, il peut l'aimer. Un aliment présenté plusieurs fois finit par être familier et ne déclenche plus les réactions de rejet/danger/inconnu.

À l'école il mange de tout! Oui, voir les autres manger avec plaisir l'incite à l'imitation. À la maison aussi, mangeons avec plaisir, c'est contagieux!

7 ans
L'âge
de raison

MOI, QUAND JE SORS DE MON LIT
LE MATIN, JE TOUCHE D'ABORD
LE SOL AVEC UNE MAIN, JE NE
ME LÈVE JAMAIS DU PIED GAUCHE !

Sept ans ! C'est l'âge de raison et des pourquoi. Il pose des questions sur la vie, la mort, l'univers. Les zones verbales du cerveau se développent, son langage se précise, il apprend facilement, acquiert du vocabulaire. La croissance neuronale dans l'aire cérébrale dite de Broca permet à l'enfant de commencer à comprendre l'ironie et les sarcasmes. L'activité électrique du cerveau gagne en cohérence. La densité des synapses augmente dans le lobe frontal. Sa pensée devient (un peu) moins égocentrique. L'enfant accède à la logique, à la réversibilité, il comprend désormais que si A est plus grand que B, cela signifie aussi que B est plus petit que A. Et que la forme ne modifie pas le volume. Il est devenu capable d'intentionnalité, mais les concepts d'honnêteté et de malhonnêteté sont encore problématiques.

L'enfant de sept ans désire bien faire. Il veut être le premier, le meilleur, il veut être parfait. Il tend à se montrer critique envers les autres enfants qui se comportent « mal ».

Les voies entre le lobe frontal et le système limbique se renforcent et lui permettent un meilleur contrôle de ses impulsions, une plus grande indépendance, une capacité à organiser. Il est devenu capable de se retenir d'agir le plus souvent. Mais n'attendons pas trop de lui, jusqu'à huit ans, il ne peut conserver plus de cinq consignes à la fois dans sa tête.

Sept ans c'est grand, mais encore petit !

Il refuse de s'habiller seul

MAMAN, TU VEUX BIEN M'HABILLER ?

TU ES GRAND MAINTENANT, TU PEUX T'HABILLER TOUT SEUL. JE T'AI TOUT PRÉPARÉ HIER SOIR. TOUS TES VÊTEMENTS SONT PRÊTS SUR TA CHAISE.

Les parents envoient parfois des messages contradictoires. Quand la mère prépare les affaires de son fils, ce dernier peut entendre le message suivant : «Je le fais parce que tu n'es pas capable.» La passivité de l'enfant est directement liée à ce sentiment d'incompétence. S'il n'arrive pas à se fâcher contre sa mère, il se sentira tout petit et démuni.

Je me sens capable de rien. Je vois mes vêtements sur la chaise, mais... je ne vois pas ce que je peux faire avec. Ce n'est pas moi qui les ai préparés.

➜ Je laisse mon enfant préparer seul ses affaires. Quand il me demande une aide que je ne trouve pas justifiée à son âge, je m'interroge, qu'ai-je fait à sa place ?
Je devine que cette attitude est un message qui n'est pas forcément en rapport avec les vêtements. Il se sent petit et démuni. Oui... quelque part dans sa vie. À l'école ? Chez son papa ? Chez sa grand-mère ? Je l'écoute...

Ils ne font rien dans la maison

HÉ, JE VOIS QU'OUVRIR LE PANIER À LINGE SALE EST TROP DIFFICILE !

- Nous croyons que les enfants renâclent systématiquement devant les tâches ménagères. Peut-être est-ce lié à notre façon de présenter les choses? Nous sommes si convaincus que ce sont des tâches pénibles qu'ils ne voudront accomplir que si on les y contraint, que nous alternons ordres, demandes, récompenses, punitions, ce qui n'est guère motivant. Or l'enfant a besoin de se sentir indépendant. Donc si on le lui demande… il ne le fait pas !

Accomplir ensemble des tâches utiles à tous nourrit le sentiment d'appartenance, procure la satisfaction de savoir faire, le sentiment d'être utile, de savoir s'occuper de soi, et entretient l'estime de soi, des sentiments auxquels les enfants sont sensibles comme tous les humains.

CE QUI EST DANS LE PANIER SERA LAVÉ. CE QUI N'EST PAS DANS LE PANIER NE SERA PAS LAVÉ.

➜ Et si nous présentions l'activité comme une occasion d'acquérir une nouvelle compétence ou de l'autonomie ? Paradoxalement, l'enfant nettoiera plus facilement le miroir de la salle de bains, qu'il ne passera l'aspirateur, parce que c'est plus difficile. Une tâche qui ne requiert pas d'attention n'est pas assez valorisante. Nous-mêmes d'ailleurs...

Inutile d'espérer que les enfants lèveront le couvercle de la panière pour y glisser leur linge sale. Faisons preuve de créativité pour faciliter l'action et que le côté ludique prédomine !

YOUUUUH !

Il fait pipi au lit

7% seulement des enfants n'ont jamais fait pipi au lit! 15 à 20% des enfants de cinq ans le font. À dix ans, ils sont encore 6%, et plus que 2% à l'âge de quinze ans.

Si tous les parents remarquent que les «petits accidents» surviennent surtout quand l'enfant traverse une période de stress, le pipi au lit n'est pas forcément d'origine psychologique.

Je ne fais pas exprès de faire pipi! Quand tu me grondes, ça me fait honte. Tous les soirs j'ai peur de dormir et de mouiller mon lit, ça me stresse… Pourquoi je ne suis pas comme les autres?

Tout d'abord, la dimension génétique est forte. Lorsque ses deux parents ont eu un problème d'énurésie, le risque pour l'enfant est de 77 %. Ensuite, la vessie est sous le contrôle de l'insula, une zone du cerveau limbique qui régule nombre de fonctions (dont aussi les émotions). Et quand cette zone voit un petit retard de développement, le contrôle sphinctérien n'est pas parfait. L'enfant arrive à maîtriser ses sphincters de jour, mais la nuit, quand l'activité cérébrale consciente est débranchée, le contrôle n'est pas suffisant pour éviter les accidents, surtout en cas de fatigue ou de stress.

Le pipi au lit est rarement un symptôme isolé. Car la maturation du cerveau impacte forcément d'autres compétences ou d'autres zones du corps.

Il est souvent constipé, il est difficile à table, hyperactif, il a des difficultés à se concentrer, à «être à ce qu'il fait», il a de l'eczéma, des tics, des tocs…? Personne ne vous a jamais dit que tout cela pouvait être lié? Et pourtant. Mais pas d'inquiétude, il est possible d'agir. Non pas en faisant des tableaux nuage/soleil, mais en fournissant à son cerveau la nourriture dont ce dernier a besoin pour maturer correctement et en proposant des mouvements alternés qui stimuleront les zones concernées (voir p. 201). Il peut arriver aussi que l'énurésie soit directement liée à une intolérance alimentaire.

Si l'enfant a été propre et remouille soudainement son lit, c'est souvent suite à un stress. Un peu d'écoute sans jugement de ses émotions et une aide pour dénouer le nœud qu'il a fait dans sa tête pourront stopper les pipis. Si la situation perdure, il est indiqué de consulter.

➜ Le stress aggravant le problème, surtout ni culpabilisation, ni punition, mais amour et sécurité seront les préliminaires pour aller plus loin et tenter d'identifier le stress à l'origine du symptôme.

• Remplir son réservoir d'amour
Je dédramatise. Ce n'est ni ma faute, ni la sienne. Je lui explique que son cerveau s'est super bien développé dans certaines zones (et je lui nomme ses compétences) et moins pour l'instant dans d'autres. Pas d'inquiétude, ça viendra!
En attendant, j'achète des couches grande taille ou une alèse. Je prévois un drap sec facilement accessible en pleine nuit.

• Nourrir et stimuler la maturation cérébrale
Je lui fais faire des exercices bilatéraux (voir p. 203). Après lui avoir expliqué l'impact du sucre et des additifs alimentaires, je l'aide à s'en passer et à choisir d'autres sources de plaisir.
Je privilégie une nourriture qui va soutenir la maturation de ses cellules cérébrales (voir p. 201).

• Besoin de liberté, de pouvoir personnel
Il choisit lui-même de mettre ou non une couche. Je lui enseigne à changer ses draps et à mettre les draps mouillés à la machine. Non comme une punition, bien sûr, mais parce que la responsabilité nourrit le sentiment d'estime de soi, un sentiment difficile quand on fait pipi au lit alors que les copains sont «propres». Pas simple de ne pas se sentir «sale» et moins bien que les autres.

• Identifier les éventuelles sources de stress
Qu'est-ce qui pourrait être difficile à vivre pour lui ces temps-ci? Y a-t-il certaines émotions qu'il n'exprime jamais, et qui pourraient donc être refoulées et à l'origine de son stress? Y a-t-il de la pression dans la famille, des soucis? Y a-t-il eu un changement, un événement important?

• Patience.

Elle ne supporte pas les étiquettes

Ce n'est pas de la comédie. L'étiquette la démange vraiment beaucoup. Il s'agit d'un dysfonctionnement de l'intégration sensorielle. Ces enfants ne supportent pas les coutures, certaines textures de vêtements.

Elles se mettent nues dès que possible, se montrent très exigeantes sur la position exacte de leurs chaussettes. Leur cerveau interprète la stimulation comme étant une agression.

➜ Je peux aider à la maturation de l'intégration sensorielle par des massages, en roulant une balle de tennis sur son dos. Une pression assez importante est souvent mieux supportée que les balayages trop doux. Peu à peu j'allège la pression, jusqu'à habituer l'enfant à tolérer voire apprécier l'effleurement d'une plume sur son corps.
Le sucre blanc ou les colorants alimentaires semblant exacerber l'hypersensibilité sensorielle, j'aide mon enfant à réduire sa consommation.

Il veut toujours manger la même chose et il ne se montre difficile qu'avec sa mère

- Il a souvent mal au ventre, il est ballonné, constipé ou alterne selles dures et selles molles. Il est souvent tendu, énervé, voire agressif et un peu brutal ou au contraire un peu trop rêveur ou inattentif? Le trouble se nomme côlon irritable, colite fonctionnelle, porosité intestinale ou intolérance alimentaire. Les plus fréquentes sont les intolérances au gluten ou à certaines protéines du lait de vache.

Un reflux gastro-œsophagien peut aussi provoquer des douleurs pendant le repas que l'enfant ne nomme pas. Il dit simplement «J'ai plus faim», ou «J'aime pas». Ce qu'il n'aime pas, c'est la douleur que l'aliment lui procure.

Avec son père ou à l'école, il mange de tout ou presque. Ce n'est qu'avec sa mère qu'il se montre difficile. Eh oui, la maman est la figure d'attachement. L'enfant est vraisemblablement en train de tenter de lui confier quelque chose. La piste émotion refoulée est la plus probable.

Attention, si l'enfant ne montre ainsi son souci qu'à sa mère, son conflit est le plus souvent ailleurs, il peut être en rapport avec papa, l'école ou tout autre chose.

➜ Un enfant qui ne veut consommer qu'un seul aliment n'est pas en train de faire un caprice. L'autorité ne résoudra pas son problème. Jamais de jeux de pouvoir autour de la table. J'observe, a-t-il d'autres symptômes? Quels sont les troubles associés? Je consulte un spécialiste. Orthophoniste, psychopraticien, coach familial... Il se peut aussi que cette réaction de refus soit due à un conflit intérieur. Non que l'enfant se dise «je vais embêter maman en refusant sa nourriture», mais il est mal. Il a un souci dans son cœur. Ses intestins sont noués, il n'a guère faim et seuls quelques aliments «passent».

Il mâche sa viande
sans parvenir à l'avaler

Un messager du cerveau ne fait pas son travail : la sérotonine. Le cerveau est chargé de veiller à notre sécurité. Si la sérotonine traduit une odeur ou une texture de manière erronée comme dangereuse, elle déclenche une réaction de stress : accélération cardiaque et respiratoire, transpiration, et stoppe la motricité buccale pour interdire l'accès de l'estomac à ce poison. L'organe voméro-nasal, situé à la base du nez, déclenche un processus de défense : le nauséeux.

L'enfant n'arrive plus à avaler ! Ce n'est pas «psychologique». Une naissance traumatique, une prédisposition génétique, une fragilité biochimique peuvent être à l'origine de trouble nommé hypernauséeux familial. Le problème peut apparaître lors de la mastication, qui stimule ce réflexe.

Certaines odeurs, pour d'autres à peine perceptibles, sont tout à fait écœurantes pour l'hypernauséeux. Souvenez-vous de votre enfance… car un des deux parents a eu le problème enfant. Les orthophonistes savent dépister et désensibiliser ces enfants par des massages intrabuccaux spécifiques.

Souvent, d'autres sens sont exacerbés. Les enfants peuvent ne pas supporter les lumières vives (vue), ou se couvrir les oreilles face aux bruits (ouïe). Ils peuvent ne pas aimer être touchés, être angoissés de ne pas sentir leurs pieds toucher le sol (équilibre) ou au contraire apprécier particulièrement les fortes stimulations sensorielles.

Crises de colère, réactions d'angoisse et retrait social peuvent aussi faire partie du tableau de l'hypersensible.

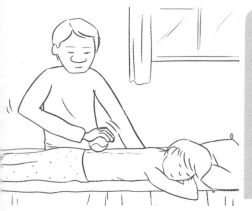

→ Un travail progressif de stimulation sensorielle multiple aidera à la désensibilisation. Sentir des odeurs, des contrastes thermiques, des activités d'équilibre, des massages… Tout ce qui peut aider à l'intégration sensorielle.

Elle veut un soutien-gorge

REGARDE. MAMAN ! IL EST À MA TAILLE !!

Maman, pourquoi je ne peux pas m'habiller comme les autres ? Ce n'est pas juste. Toutes mes copines en mettent. Sinon, les autres se moquent de moi et disent que je suis un bébé.

Hélas, il se vend en grande surface des soutiens-gorge «ampliformes», ou «push-up», destinés aux petites filles de huit à dix ans, rembourrés de mousse afin de donner l'illusion d'avoir des seins. Sexualiser les petites filles n'est pas un service à leur rendre.

➜ Écoute, empathie, fermeté et accompagnement ! «*Je comprends que tu aies envie de faire comme les autres. Tes copines en ont. Et c'est très joli. Seulement voilà, les soutiens-gorge servent à soutenir la gorge, les seins, et tu n'as pas encore de seins...* (ÉCOUTE) *Tu as envie d'être grande ! Quoi d'autre te permettrait de te sentir grande ?* (ÉCOUTE) *Et puis, chaque âge a des avantages...* (ÉCOUTE). *Veux-tu que nous réfléchissions ensemble à ce que tu pourrais répondre aux autres qui se moquent de toi ?*»

8 ans
L'âge des règles et des projets

PAPA, PLUS TARD, J'AIMERAIS FAIRE POMPIER !

À huit ans, le cerveau atteint 93 % du poids qu'il fera adulte. La zone préfrontale, celle qui gère l'anticipation et la conscience d'autrui, initie une poussée de croissance. L'enfant commence à se projeter dans le futur et s'investit dans des projets. Il est devenu capable de prendre en compte la perspective et les besoins d'autrui, mais reste très autocentré et voit les choses en noir et blanc, en vrai ou faux. Il réalise que les autres expérimentent des sentiments semblables aux siens, de colère, peur ou tristesse.

L'enfant de huit ans est mû par un grand désir de bien faire. Jusque vers dix ans, les règles revêtent une grande importance à ses yeux. S'il résiste aux ordres, et argumente, il est fier d'accomplir une tâche et aime organiser, diriger. Il est capable de résoudre des problèmes de manière concrète, de davantage d'attention mais peut inverser des lettres. Son image de lui-même est encore fragile. Il se décourage facilement.

Le cerveau des enfants de huit ans n'est pas apte à tirer profit d'une erreur ou d'une remarque négative contrairement à celui d'un adolescent de douze ans et bien sûr à celui d'un adulte, qui eux voient leur cerveau s'activer davantage par des commentaires négatifs que positifs.

Elle court partout et fait n'importe quoi

L'ennui induit du stress. Lorsque nos pensées vaga-bondent sans que rien ne focalise notre attention, l'activité neuronale augmente. La consommation de glucose et d'oxygène (donc d'énergie) est supérieure à celle que requiert la réalisation d'une tâche précise.

Donner une orientation cons-tructive à l'énergie de l'enfant sera toujours plus efficace que de la réprimander… et même, nous le verrons, que de lui promettre une récompense.

Focaliser l'attention d'une enfant, orienter son cerveau vers une activité lui évite d'être la proie d'une multitude de *stimuli* qu'elle ne saurait pas trier, une surcharge qu'elle tenterait alors de gérer par des activités désordonnées, la focalisation sur un désir (paquet de bonbons, sortie…) ou une crise…

VOICI DU PAPIER ET DES CRAYONS POUR NOTER VOS TABLEAUX PRÉFÉRÉS

➜ Je lui confie des missions : Chercher les céréales, s'occuper des fruits au marché. Au musée, décider dans chaque salle de son œuvre préférée ; et si nous emmenons plusieurs enfants, chacun pourra défendre son avis face aux autres… Ça prend du temps ? Oh non, ça en gagne beaucoup !

Il ment à ses copains

OUAIS ! MA MÈRE ELLE EST VACHEMENT DURE AVEC MOI, ELLE ME DONNE RIEN !

OH !

J'ai besoin que tu t'intéresses à moi, que tu m'admires !

À ses yeux, il ne ment pas vraiment en se vantant auprès de ses copains. Il tente juste de rehausser son statut social. Il est important de mesurer qu'hélas le statut social d'un garçon d'aujourd'hui augmente si ses parents sont sévères, s'il reçoit des punitions et s'il est nul en classe… Il est alors considéré comme un dur et respecté comme tel, tant par les autres garçons que par les filles.

➔ Si je l'entends se vanter auprès de ses amis – que ce soit raconter que son père est pilote de chasse ou que sa mère va le tuer s'il a de mauvaises notes –, je l'écoute et j'analyse la situation avant de réagir impulsivement. Le recours à ces stratégies peut indiquer que son intégration sociale n'est pas aussi facile que ce qu'il raconte.

Elle ne cesse de faire ce qui est interdit !

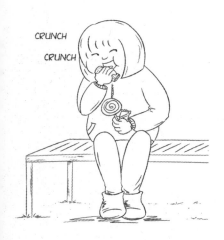

CRUNCH

CRUNCH

Pour les enfants de huit ans, un interdit est encore une incitation à la transgression, car même si leur cerveau leur permet de réfléchir, ils agissent dans la direction de leur attention. D'autre part, les interdits sont souvent exprimés comme des ordres. Or l'imagerie cérébrale fonctionnelle montre que ces derniers ne mobilisent pas le cerveau frontal. L'enfant ne réfléchit donc pas à la situation. Il fait (ou non) ce qu'on lui ordonne, mais n'intègre pas la pertinence du comportement demandé ni ne développe de conscience quant à la conséquence de ses actes. De plus, le cerveau frontal confère aux humains leur libre arbitre et un impérieux besoin de se vivre au volant de sa propre vie. Se rebeller contre l'autorité, expérimenter par soi-même, se sentir libre, ne sont pas des attributs des mauvais garçons, mais de tous les humains.

➔ Les interdits focalisent l'attention sur le comportement problème tandis que les règles et les permissions focalisent l'attention de l'enfant sur le comportement désiré. Je reformule mes phrases en termes de permissions, d'informations et de consignes.

Mon objectif est de faire réfléchir l'enfant, de l'aider à mobiliser son cerveau frontal, ainsi il élabore son sens de la responsabilité et développe l'auto-discipline. J'ai tout intérêt à enseigner à mon enfant le respect des règles utiles au vivre ensemble plutôt que l'obéissance.

Montrer l'exemple est certainement la voie la plus efficace pour enseigner le respect des règles et des lois. Pour ancrer l'apprentissage, j'exprime à haute voix ce qui se passe en moi lorsque je me confronte à une loi ou à une règle, qu'il s'agisse d'un interdit de stationner ou de passer mes coups de fil depuis ma place dans le train.

Les enfants détestent les limites, ils adorent les règles !

La vie en commun nécessite des règles. Ces dernières ne sont ni des limites ni des interdits. Elles forment un cadre.

Comme les règles d'un jeu, elles ne visent pas à limiter mais à organiser et permettre. Les enfants les respecteront d'autant plus volontiers qu'ils auront participé à les élaborer.

Le parent connaît toutes sortes de dangers que l'enfant ne mesure pas, il porte la responsabilité de sa santé. Son rôle est clair, il doit assistance et protection à son enfant. Il paraît universel et justifié de proscrire tout comportement ou mots blessants. Cependant, une formulation en termes d'interdit sera peu efficace.

➜ Une règle formulée en termes de procédure sera plus efficace : « En cas de conflit, ni mots cailloux, ni coups, on se parle ou on en parle aux parents. » Il est clair que la règle concerne toute la famille. Pas question pour le parent de faire ce qu'il défend à l'enfant. Sinon, ce dernier risque d'associer l'interdit avec un sentiment d'impuissance tant qu'il est en situation d'infériorité. S'il se trouve en position de supériorité, il pourrait être tenté d'en profiter pour infliger sa vengeance à plus faible que lui.

Dès que l'enfant est en âge de comprendre et de discuter des règles, elles sont décidées en famille. Bien sûr, des enfants habitués à obéir testent cette nouvelle autonomie en exagérant au début, mais très vite, souvent à la stupéfaction de leurs parents, ils se montrent capables d'élaborer de vraies règles de vie en commun.

Une transgression ? Un problème de comportement ? Réunion générale sur le canapé. On y reste tant que le problème n'est pas résolu. Attention, le canapé n'est ni un tribunal, ni un temps pour que l'enfant « s'explique et s'engage à changer ». On fait ensemble, on ne fait pas à l'enfant.

Dans les fratries, ces réunions éviteront nombre de disputes. Les enfants au lieu d'être tentés de traiter leurs différends par une bonne bagarre peuvent solliciter une réunion familiale pour établir des règles. Ainsi on forme les enfants à l'idée que ces dernières protègent et régulent les relations entre les humains.

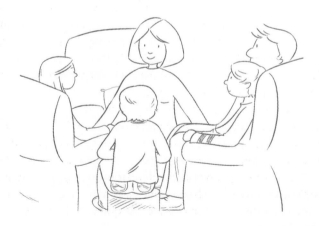

Il fait comme s'il n'entendait pas

Nous, les parents, aimons parler. Si les petites filles arrivent à peu près à écouter nos discours, les petits garçons, eux, ont plus de mal. Non qu'ils soient moins intelligents, mais la zone verbale de leur cerveau se développe plus tard que celle des filles. Eux sont occupés à mettre en place d'autres réseaux de neurones dans leur système nerveux central, dédiés au mouvement, à la maîtrise de leur corps. La connexion entre la réception verbale et les aires associatives n'est pas encore au point. Habitué à nos diatribes, dès le second mot, le garçon n'écoute plus! Sans compter que 3 à 10% des enfants ont des troubles auditifs (deux garçons pour une fille). Si nous crions un peu plus, il fait le gros dos ou les plumes de canard, il se construit une protection contre l'extérieur... et nous le percevons comme imperméable. Toucher un garçon permet d'obtenir son attention. Et puis, les parents ont parfois l'impression d'être tout le temps à donner des ordres et à faire activer les choses : Avez-vous compté le nombre d'ordres qu'un enfant entend tout au long d'une journée? Vous pouvez faire l'expérience, prendre un papier et un crayon et mettre un bâton chaque fois que vous lui lancez un ordre. Alors?

METS TON PYJAMA!

DÉPÊCHE-TOI!!

MANGE!   ÉTEINS LA LUMIÈRE!

VA TE LAVER LES DENTS!

DÉSHABILLE-TOI!   C'EST L'HEURE!

ALLEZ, AU LIT!

HABILLE-TOI!

En donnant un ordre, l'intention des parents est en général positive. «Il faut bien que je leur dise ce qu'ils doivent faire…» Mais les enfants entendent alors entre les lignes qu'ils ne sont pas capables de savoir par eux-mêmes… et c'est dévalorisant, déresponsabilisant, démotivant.

J'en ai assez que tu me dises toujours ce que je dois faire. Tu me traites comme si j'étais un bébé.

Certes, en cas d'urgence, la soumission aux ordres est importante. Mais, en dehors de ces situations extrêmes, les ordres sont contre-productifs.

Souvenons-nous qu'entre sept et dix ans les enfants aiment les règles et faire bien! Pourquoi mobiliser leur rébellion? Pour faire bon poids, les parents ont parfois tendance à faire de longs discours. Nous voulons que les enfants «comprennent». Mais tout ce verbe noie les enfants, qui cessent de prêter attention.

Le parent cherche alors à culpabiliser l'enfant, pour «qu'il se rende compte».

Las, au mieux, l'enfant se sentira honteux, et la honte est rarement une bonne motivation. L'objectif n'est pas que l'enfant se sente en faute, mais qu'il apprenne.

Dirigeant simplement son attention vers l'objet, sans ordre ni contrainte, ni surtout faire de phrase, nous l'incitons à mobiliser son cerveau frontal. Son cerveau sécrète de la dopamine, l'hormone de la motivation, de l'action volontaire. Comme l'ocytocine, cette hormone diminue le stress et inhibe les systèmes de la peur et de la colère.

Il faudra certainement plus d'un rappel pour qu'il range spontanément ses tennis ou pense à prendre ses affaires de sport, mais… observons !

➜ Pour gagner en efficacité comme en sérénité, je fais bref ! Le plus souvent possible, je me contente d'un seul mot, prononcé sur un ton neutre, juste pour diriger son attention vers l'objet. «Douche», «Lumière»… et lui permettre de mobiliser son cerveau frontal.

BLOUSON

Elle ne respecte pas les règles

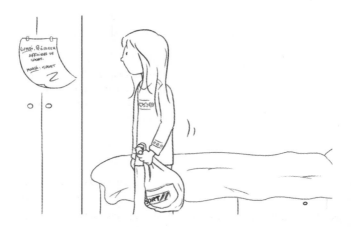

→ Un rappel écrit évitera bien des cris. Les enfants sont encore beaucoup dans le présent, s'ils ne respectent pas les règles, ce n'est pas forcément de la mauvaise volonté. Nous en avons la preuve en voyant leur réaction lors d'un rappel, à condition que ce dernier soit non culpabilisant. Un message écrit est surprenant d'efficacité. Il attire l'attention, ne culpabilise pas, n'a pas un ton agressif... et laisse l'enfant libre de son choix. L'enfant lit, se sent actif, il active son cerveau frontal.

Il est insupportable

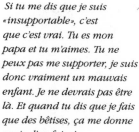

Si tu me dis que je suis «insupportable», c'est que c'est vrai. Tu es mon papa et tu m'aimes. Tu ne peux pas me supporter, je suis donc vraiment un mauvais enfant. Je ne devrais pas être là. Et quand tu dis que je fais que des bêtises, ça me donne envie d'en faire !

Ce n'est pas l'enfant qui est difficile à supporter pour le parent, c'est son comportement, la situation, ou plus exactement ce que cette situation réveille en lui d'émotions et de tensions. « *Tu es insupportable* » signifie en réalité : « *Je ne suis pas capable de gérer la situation, mes émotions me débordent. Je te donne le pouvoir sur moi et sur mes émotions.* »

Ce pouvoir ainsi conféré par le parent insécurise beaucoup l'enfant. Ce qui active ses réactions de défense que sont l'agressivité, la fuite ou le figement… Et c'est le cercle vicieux. De plus, comme c'est une définition de lui, cela signifie d'une part qu'il ne peut rien faire pour s'améliorer, d'autre part qu'il doit coller à cette définition.

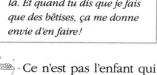

➔ Je dis que je suis énervé et j'expire trois fois profondément pour me calmer avant de m'adresser à l'enfant.

Il mériterait une punition

TU ES PRIVÉ D'ORDI PENDANT UN MOIS !

Nous imaginons que nos enfants fonctionnent comme nous, mais ils n'ont pas encore le même cerveau que nous. Des expériences menées avec soin par des scientifiques ont montré que ce n'est qu'à partir de douze-treize ans que le cerveau de l'enfant lui permet d'apprendre d'une erreur !

Si les punitions éduquaient, il y a belle lurette que l'espèce humaine ne commettrait plus de crime. En fait, les punitions ne sont pas tout à fait inefficaces. Elles sont d'une grande efficacité… sur le soulagement du punisseur qui a ainsi le sentiment de reprendre le contrôle de la situation. Il est difficile autrement de comprendre les raisons pour lesquelles elles sont encore utilisées, tant elles ont d'inconvénients (voir p. 205).

Outre leur inefficacité sur le long terme, elles peuvent même se révéler contre-productives tant les garçons, notamment, sont fiers des punitions qu'ils reçoivent. Elles leur apportent de la popularité. Ils acquièrent un statut de dur, non seulement auprès des autres garçons mais renforcent leur succès auprès des filles.

Les punitions sont donc non seulement inefficaces pour obtenir une modification du comportement, mais contre-productives.

Le parent exerce une autorité naturelle. Si cette autorité est reconnue, nul besoin de se montrer autoritaire. Nous avons passé assez de temps à tenter de contrer nos enfants, cela ne mène qu'à des batailles quotidiennes et aux multiples ruptures de lien. Regardons la situation depuis le paradigme de l'attachement.

➜ Quand je suis énervée au point de lancer une punition, je respire! Je me souviens que la punition n'améliorera pas le comportement de l'enfant. Je me calme pour réfléchir à une option plus efficace.

Je suis la figure d'attachement de l'enfant, celle à laquelle il se réfère pour diriger ses comportements. Sans cesse, son cerveau scanne mes réactions: *C'est bon par là? Je suis en sécurité? Je peux y aller? Tu es content(e)? Je peux réussir? Tu as confiance? Etc.*

Même s'il semble ne pas m'écouter, il observe et construit ainsi son attitude morale. Mais c'est sur le long terme que je verrai les résultats.

Je privilégie l'attachement en toutes circonstances, tout en clarifiant mes valeurs et en montrant l'exemple.

Elle est maladroite

Il n'y a pas si longtemps, nous applaudissions leurs moindres progrès : leurs moindres progrès : *Oh, tu as attrapé le hochet... Bravo, bravo, tu marches... Tu as réussi la tour de cubes...*

Mais, sitôt qu'ils grandissent, il arrive que nous nous concentrions sur leurs faux-pas. Ils réussissent de nombreuses nouvelles tâches, pourtant, nous notons la fois où ils oublient les petites cuillères ou leur cartable, où ils cassent un objet, ou rapportent une mauvaise note.

Jamais nous ne nous permettrions de hurler sur une copine parce qu'elle fait une erreur d'orthographe ou de calcul, ne met pas la bonne quantité d'huile dans la salade ou laisse échapper la théière. Pourquoi crions-nous ainsi sur nos enfants ?

Quelle zone du cerveau de l'enfant désirons-nous mobiliser? Cris et accusations activent l'amygdale.

Faire face au danger étant prioritaire, les hormones de stress sont libérées dans l'organisme et les zones supérieures du cerveau (celles qui servent à réfléchir) sont inhibées.

Agression, fuite ou figement sont les réactions proposées par le cerveau du petit garçon ou de la petite fille. Devant le parent, l'enfant se fige… mais attention à la libération des tensions.

→ Recevant un langage *Tu*, l'enfant éprouve toutes sortes de sentiments, de peur, de honte, de culpabilité… mais son cerveau ne lui permet pas de mesurer ni le problème, ni sa responsabilité. En revanche, quand nous commençons notre phrase par *Je*, son attention se focalise naturellement sur nous, et il peut nous écouter lorsque nous décrivons simplement les faits et exprimons notre vécu, nos sentiments et besoins.

OH ! MON VASE !
JE L'AIMAIS TELLEMENT !

Nos réactions émotionnelles impactent nos enfants bien plus que nous ne l'imaginons. En effet, grâce à ses neurones miroirs, l'enfant éprouve ce que nous éprouvons. Ces neurones s'activent quand on observe quelqu'un exécuter une action intentionnelle (ou même quand on l'imagine), ils permettent l'imitation, la compréhension d'autrui et l'empathie. Si nous manifestons la tristesse que nous éprouvons, l'enfant la sentira et se sentira désolé d'avoir cassé cet objet auquel nous tenions. Nos enfants sont, plus que nous ne le pensons, capables d'empathie. L'empathie est naturelle, elle est inhibée par la crainte.

Les émotions sont contagieuses pour le meilleur mais aussi pour le pire : lorsque nous crions, ses neurones miroirs lui font éprouver notre anxiété et notre fureur ! Il y a bien de quoi le paralyser. Crier sur un enfant quand il nous a blessé ou a cassé quelque chose risque de l'empêcher de mesurer l'impact de son comportement sur nos sentiments !

➜ Il nous reste à enseigner à l'enfant à réparer ses erreurs.
Dans l'ordre :
1. Restaurer le lien,
2. Réparer les éventuels dégâts matériels.

Ma maman est triste...

J'AI BESOIN D'UN CÂLIN POUR ME CONSOLER !

MAINTENANT, LES MORCEAUX VONT DANS LA POUBELLE. LA PELLE ET LA BALAYETTE SONT DANS LE PLACARD.

➜ Plus petit, entre trois et cinq ans, l'enfant répète pendant plusieurs jours : « J'ai poussé la table et la théière est tombée et elle était cassée, et tu étais triste, et je t'ai consolé(e) et on a mis les morceaux à la poubelle. » À quoi le parent répond chaque fois avec patience, intérêt et tendresse : « Oui, quand tu as poussé la table, ma théière est tombée et s'est cassée et j'étais triste et tu m'as consolé(e) et on a mis les morceaux à la poubelle. » Plus tard, l'enfant intériorise ce discours. Mais si elle ne le prononce plus à haute voix, elle n'a pas moins besoin de soutien parental. L'évocation de la théière perdue, assortie de regards affectueux du parent, montre à l'enfant que la relation n'est pas entamée. Sinon, gare à la transformation en négatif. Il ne s'agit pas d'oublier trop vite l'épisode ou de « pardonner » son geste à l'enfant, puisque ce n'est pas une *faute*. Elle n'apprendrait pas de l'incident. La conscience de l'impact de ses actes nécessite un certain ressassement et une exploration des sentiments de chacun des protagonistes.

Parfois, une bonne partie de rires, de jeux ou de chahut sur le lit sera nécessaire pour que l'enfant soit certaine que la relation n'est pas rompue et que la théière n'était pas plus importante qu'elle.

Il ne marche qu'à la carotte

SI TU DÉBARRASSES LA TABLE, TU AS DROIT À 20 MINUTES D'ORDI !

Les parents usent de récompenses dans l'objectif de motiver l'enfant… En réalité, toutes les études montrent qu'elles démotivent. La récompense encourage certes l'obéissance sur le court terme. Mais se révèle non seulement inefficace mais nocive sur le long terme.

Des enfants de sixième étaient chargées d'enseigner un nouveau jeu à de plus petites filles. À certaines on promettait des places de cinéma en fonction des performances de leur élève. Résultat :

Super !
Je vais gagner du temps d'ordi… Je ne débarrasserai plus la table spontanément ! Et puis, je vais augmenter mes prix, il va me falloir un peu plus de vingt minutes la prochaine fois !

HÉ, IL MANQUE LES COUVERTS, TU FAIS VRAIMENT LE MINIMUM !!

Les filles ayant enseigné sans récompense à la clé se sont révélées plus patientes, plus didactiques et plus efficaces que celles qui avaient pour objectif de recevoir la récompense.

Ces dernières s'énervaient plus facilement, évaluaient négativement leurs petites apprenties qui n'apprenaient pas assez vite, étaient moins claires dans leurs explications et, à l'arrivée, leurs élèves n'ont pas aussi bien compris le jeu que celles des autres, à qui rien n'avait été promis.

Offrir un salaire pour une action revient à dire que cette dernière n'a aucune valeur en elle-même. *« Oui, mais sans promesse de récompense, il ne fait plus rien »*, disent les parents. C'est vrai. Et ce, même s'il s'agit d'un jeu auquel autrement il aurait pris plaisir !

Une expérience en laboratoire l'a démontré. Des jeunes étaient payés pour atteindre un niveau dans un jeu sur ordinateur. Dès qu'une pause a été décrétée, ils n'ont plus joué. Tandis que ceux qui avaient joué sans être rémunérés ont continué pour le plaisir.

Eh oui, les autres raisons d'accomplir telle ou telle action disparaissant, la récompense devient nécessaire et, rapidement, on ne peut plus s'en passer. De plus, les enfants s'habituant, les récompenses doivent toujours être plus élevées pour rester motivantes, et l'enfant a de plus en plus tendance à ne faire que le strict minimum pour l'obtenir.

En outre, la récompense agit fatalement comme une punition si l'enfant ne l'obtient pas (« Tu n'as pas tenu tes engagements, alors tu n'auras pas la sortie au cirque »).

MERCI, VOISIN.
POUR TON COUP DE MAIN,
JE TE FILERAI CINQ EUROS
QUAND ON AURA TERMINÉ.

➔ Nous pouvons faire de petits cadeaux à l'enfant lors d'une réussite, à condition que ce ne soit pas systématique, et surtout sans que cela ait été annoncé.

Ils veulent toujours plus

Le plus souvent, ce sont seulement les parents qui «avaient dit». Le cerveau frontal des enfants n'ayant pas été mobilisé, ces derniers ne se sentent pas responsables de leurs actes. Lorsqu'ils voient une glace, leur désir n'est pas tempéré, parce que leur cerveau n'a pas établi de connexion au préalable entre l'objet du désir et la limitation. Le tout est resté dans la zone verbale.

Ils se souviennent très bien de ce que les parents ont dit, mais… ça ne fait pas le poids avec ce que la simple vue de la glace provoque dans leur cerveau. (L'image déclenche une dose d'opioïdes qui stimule leur noyau accumbens, le circuit du plaisir et de la récompense.)

La limite posée par leurs parents, celle-là même qu'ils avaient peut-être acceptée avant, parce qu'ils n'étaient pas en présence de l'objet, n'a que fort peu de pouvoir. Et il faut énormément d'énergie psychique à l'enfant pour réussir à renoncer à sa glace, c'est-à-dire non pas à la glace, mais à l'intense satisfaction et au plaisir anticipé de la dégustation.

Moins le parent prépare, plus l'enfant se vivra responsable de la journée. Le sentiment de fierté nourrira suffisamment son cerveau pour qu'il n'ait pas besoin d'une dose de sucre pour se stimuler.

➜ Pour que les enfants ne soient pas la proie de leurs désirs, nous pouvons les aider à muscler leur cerveau frontal et à lier en avance l'émergence du désir avec la réflexion.
De cette façon, lorsque la glace apparaîtra dans leur champ de vision, elle stimulera la décision prise par le cerveau frontal... et il leur sera bien plus facile de résister.

BON, MAINTENANT QU'ON A FAIT LA LISTE, QUI S'OCCUPE DE QUOI ?

MOI, JE FAIS LES SANDWICHS.

9 ans
Justice
et perfection

Perfectionnisme et esprit de justice caractérisent l'enfant de neuf ans. Il aime faire bien, se critique jusqu'à ce qu'il estime que ce soit parfait. Davantage maître de ses réactions face à la frustration, il commence à s'intéresser davantage à se regarder lui-même, à comprendre ses réactions, il développe ses capacités d'introspection. Il reste globalement soucieux de faire ce qu'on lui demande, mais commence à voir que son parent et les figures d'autorité en général n'ont pas toujours raison. S'il assouplit sa perception du monde, il pense encore en termes de bien et de mal, avec peu de place pour la différence d'opinions.

Il aime les règles complexes, les rituels, les codes et langages secrets. C'est aussi l'âge des collections, les fabricants de jeux l'ont bien compris. Des capsules de bière (de papa ou ramassées sur les trottoirs) aux cartes-jeux, il collectionne un peu tout. Il range ainsi le monde, édicte des règles organisant les objets. (Les collections personnelles sont à favoriser sur ces produits de l'industrie des jeux aux règles toutes faites.)

Il aime planifier, organiser et poursuivre des objectifs, mais s'il est plus endurant qu'avant, la constance n'est pas encore là. Il s'investit, puis lâche l'affaire pour une autre.

Les copains prennent de l'importance. L'intérêt pour le sexe opposé commence à se montrer, mais en en rigolant. L'humour pipi caca est à l'honneur. Les enfants de neuf ans s'intéressent à leur apparence, ils travaillent leur look, mais restent très conformistes et cherchent davantage à être comme les autres qu'à affirmer une personnalité.

Elle abandonne chaque activité choisie au bout de quelques semaines, équitation, hip hop, basket...

💡 - Il est naturel qu'un enfant ait envie d'explorer, de tester différentes disciplines avant de se fixer sur celle qui lui ira et qu'il pourra approfondir. Mais son désir de changement s'inscrit-il dans cette perspective ou s'agit-il d'autre chose ?

L'enfant éprouve que « ça lui fait non » de continuer cette activité. Il n'est pas forcément conscient des véritables raisons qui le font désirer s'en détourner.

Bien sûr, nous voulons lui enseigner la ténacité, le courage, l'engagement, la responsabilité... Mais n'oublions pas que

« Je ne veux plus y aller » n'est qu'un message, et qu'il y a peut-être autre chose à entendre avant de réagir. Ne nous laissons pas piéger par l'alternative : la forcer à poursuivre ou lui permettre de stopper. La troisième voie est celle du décodage du besoin. Quel est le problème que rencontre l'enfant ?

Elle peut avoir choisi l'activité pour imiter une copine, parce qu'un prof était sympa ou pour faire plaisir à sa maman… Au début, elle a aimé puis quand il a fallu travailler davantage, la motivation est retombée. Non parce qu'elle serait flemmarde, mais parce qu'elle identifie qu'elle ne se réalise pas dans cette activité.

Et puis, l'enfant peut tout simplement rencontrer un problème, soit une difficulté relationnelle, un autre enfant se moque, l'enseignant est autoritaire ou au contraire la laisse toute seule pendant qu'il s'occupe d'un autre…

➜ Avant de réagir, j'incite l'enfant à me parler de ce qui se passe pour lui, je l'aide à identifier les vraies raisons qui le poussent à se détourner de cette activité qu'il semblait apprécier jusque-là. Je ne prends une décision avec lui que lorsque la raison est apparue et conscientisée par l'enfant. Ainsi, le choix, qu'il soit de continuer ou d'arrêter, est éducatif.

AH, OUI ! PARLE - MOI DE ÇA ! QU'EST - CE QUI EST LE PLUS DUR À L'ÉQUITATION ?

JE COMPRENDS QUE TU CONTINUERAIS L'ÉQUITATION S'IL CRIAIT MOINS !

Il ne tient pas en place, n'arrive pas à se concentrer

Certains enfants sont tout simplement normalement actifs. Un garçon de dix-onze ans a énormément d'énergie et besoin de la dépenser. Quand il est enfermé trop longtemps, contraint à rester assis pendant des heures, et ne peut pas aller courir au parc avant de rentrer à la maison, son cerveau est sous stress.

D'autres, en revanche, souffrent de ce trouble nommé TDAH, trouble du déficit d'attention et d'hyperactivité. 5 à 10% de la population en sont dits atteints, surtout des garçons (trois pour une fille). Et non, une prétendue absence d'autorité des parents n'est pas en cause! Le TDAH est multifactoriel. Si le facteur génétique est indéniable, l'environnement joue un rôle de premier plan (voir pp. 198-199).

➜ Je joue avec lui! Toutes sortes de jeux pour nourrir l'attachement, aider à la maturation du cerveau, enseigner la maîtrise du stress, des impulsions et la tolérance à la frustration.

Quelques jeux pour apprendre à maîtriser ses impulsions: 1, 2, 3 soleil/Jacques a dit/Jeux physiques rythmiques, surtout en groupe: *Stop! à droite, sautiller...*/ Cubes: tri par forme, par couleur.../ Suites de tapes dans les mains, comptines/ Élastique/Corde à sauter...

Nombre des comportements ou des humeurs de mon enfant ne sont pas sous son contrôle. Je l'aide à nourrir son cerveau pour lui permettre de retrouver la maîtrise de ses actes, sentiments et pensées. Je lis les étiquettes pour éviter les produits annonçant: «Ces colorants peuvent avoir un effet nuisible sur l'activité et l'attention des enfants.»

Elle a des tics

Les tics sont des mouvements musculaires involontaires. Agiter nerveusement le pied ou la jambe, jouer avec une mèche de cheveux, se racler la gorge, se ronger les ongles ou tripoter un stylo font baisser le rythme cardiaque.

Les tics sont considérés comme normaux au cours du développement du cerveau. Un enfant sur cinq traverse une phase de tics sans aucune suite. Certains surgissent et passent très vite en quelques semaines, d'autres deviennent chroniques. C'est là que notre attention est requise. Les tics sont aggravés par la fatigue, par le stress, par la répression émotionnelle, par une insuffisance en oméga 3 et par certains additifs alimentaires.

Certains enfants n'ont pas de tics à l'école, mais les ont à la maison. Ce qui fait parfois penser aux parents soit que les enfants «font exprès», soit que le problème est en relation avec eux. En réalité, plusieurs facteurs se conjuguent.

Tout d'abord, quand le cerveau de l'enfant est mobilisé sur une tâche, la zone qui produit les tics (le ganglion basal) est inactivée, et ce d'autant plus que la tâche est gratifiante et que donc le circuit du plaisir est activé.

D'autre part, les enfants peuvent retenir leurs tics quelques heures, mais la tension et donc la fatigue est là, et c'est comme s'ils «se lâchaient» à la maison.

➜ Je peux fournir à mon enfant des idées pour abaisser son rythme cardiaque : tripoter quelque chose de doux comme une petite peluche, caresser ou s'occuper d'un animal, manipuler une petite boule anti-stress en mousse. Et puis, recevoir des caresses ou des massages aide aussi à gérer le stress ! Un bon massage chaque soir aide l'enfant à dormir, nourrit son schéma corporel, et le désensibilise peu à peu (pressions plutôt fortes au début, puis de plus en plus légères).

Je veille à ce qu'elle ait suffisamment de sommeil, d'activité physique, qu'elle boive de l'eau (sans bisphénol A) et se nourrisse convenablement (voir pp. 198-201). Une supplémentation en acides gras essentiels, oligo-éléments et vitamines B et C pourra être conseillée par son médecin.

Et nous réfléchissons ensemble. Quel stress mon enfant traverse-t-il ? Est-elle anxieuse ? Qu'est-ce qui pourrait l'angoisser ? A-t-il un souci qu'il n'aurait pas osé nous confier jusqu'ici ?

Il a des tocs

FROT
FROT

OK, LÀ, ELLES SONT PROPRES ET BIEN RANGÉES.

Je n'arrête pas de me dire «Et si…» Par exemple: «Et si j'avais des microbes sur la main?» Alors ça me fait peur parce que si j'ai des microbes sur la main, je vais tomber malade. Si je tombe malade, je vais vomir. Comme je ne veux pas vomir, il faut à tout prix que j'évite les microbes. Je vais me laver les mains. Dès que je me lave les mains, je me sens mieux… mais la pensée revient, peut-être que depuis tout à l'heure des microbes se sont installés sur mes mains et il faut que je me les relave encore.

💡 Daphné, sept ans, ne peut pas manger un repas sans demander s'il est empoisonné. Matthieu, onze ans, fait tout en multiples de deux. Il ou elle a un comportement répétitif et compulsif, c'est-à-dire qu'il n'arrive pas à s'en empêcher, même s'il trouve que ce comportement est irrationnel ? Il s'agit de trouble obsessif compulsif.

Pas de panique devant ces termes savants, appelons-les TOCs. Nombre d'enfants traversent une période de tocs sans séquelle. De quoi s'agit-il ? C'est un petit bug dans le cerveau. Son cerveau déclenche de fausses alarmes, et le bouton stop n'est pas encore opérationnel. Les TOCs semblent associés à un déficit de sérotonine. (voir pp. 37 et 201) Pour de multiples raisons, certaines zones de son cerveau (le *gyrus cingulaire*) sont un peu en retard dans leur croissance. Le cerveau de l'enfant produit de l'inquiétude et des pensées parasites qui lui disent que des choses terribles vont arriver : la maison va prendre feu, sa maman va mourir…

Et son cerveau lui commande certains gestes ou comportements pour éviter ces drames. Les pensées reviennent sans cesse, les comportements de protection se font compulsifs.

Les compulsions deviennent des rituels, les gestes doivent être accomplis exactement de la même façon chaque fois.

➜ Tout en soutenant son cerveau par l'exercice physique et l'alimentation (voir pp. 201-204), je lui enseigne à contrôler ses pensées et ses impulsions. Je le rassure, il n'est pas toc-toc ; de temps en temps, il donne le pouvoir à ce quelque chose dans sa tête qui lui commande des choses bizarres. Il peut faire la liste de ses pensées, des impératifs et des urgences qu'il entend dans sa tête. Cela lui permettra ensuite de repérer : « *Ça, c'est le TOC.* » Et nous pourrons l'aider : « *Oh, Oh, on dirait une question TOC.* » Il pourra ainsi dire :

10 ans
La confiance

Il se fait davantage confiance, il est plus autonome, il a intégré les notions du bien et du mal. Il sait faire toutes sortes de choses. Capable de davantage de concentration, il est désireux d'apprendre et de maîtriser de nouvelles compétences. Il est fier de bien faire, fier de développer ses capacités personnelles. Il est de plus en plus conscient de lui-même. On ne sait toutefois jamais si on a en face de soi l'enfant dépendant ou déjà l'ado indépendant. Un peu des deux.

L'enfant de dix ans cherche l'approbation des personnes importantes pour lui, de ses parents, des professeurs, mais aussi de ses pairs. La pression de ces derniers est si forte qu'il y succombe souvent. Il commence à se préoccuper du sexe opposé. Comment l'aider à fonder son intériorité, à développer confiance en ses capacités et solide sentiment d'identité? La question de la confiance est centrale à cet âge. Peut-on lui faire confiance? En quoi peut-il avoir confiance? En qui?

Je ne peux pas lui faire confiance !

On peut toujours faire confiance à un enfant pour qu'il fasse ce que le développement de son cerveau et ses hormones lui commandent.

Un garçon de dix ans qui fait du vélo avec un copain est forcément tenté de transgresser les limites imposées par le parent. D'une part pour l'excitation de la transgression, mais aussi parce que son statut social est en jeu. Le regard de son copain est devenu plus important que le nôtre (pas totalement, bien sûr, mais dans l'instant, sur son vélo, oui).

Il est donc irréaliste de «faire confiance» à l'enfant pour qu'il respecte une règle imposée devant un autre garçon.

COMMENT VAS-TU FAIRE POUR RESPECTER LA RÈGLE POUR LE VÉLO ALORS QUE VOUS SEREZ DEUX ET QUE MAXIME RISQUE DE TENTER DE TE FAIRE SORTIR DE LA RÈGLE?

➜ Comment aider nos enfants à vaincre la tentation de transgresser? Tout d'abord en parler! « *Nous avons fixé la règle, mais s'il se passe ceci ou cela, comment feras-tu pour t'en souvenir et choisir ton comportement?*», « *Qu'est-ce qui pourrait te donner envie de le faire quand même?*»

Nos questions le guident dans un processus de réflexion et de prise en charge de son problème.

Plutôt que de passer de la surprotection à la «confiance», je permets à mon enfant de faire ses propres expériences. Plus l'enfant sera autonome, c'est-à-dire capable de mobiliser son cerveau frontal pour se diriger avec ses propres lois, en anticipant le résultat de ses actions, plus il sera capable de résister à la pression de ses pairs et de choisir en conscience le comportement approprié à la situation.

Chaque fois que je le contrôle, son cerveau frontal est inactivé. C'est avec moi qu'il forge ses compétences sociales, qu'il apprend à mesurer son propre pouvoir et à se faire confiance. S'il sait me dire non, il saura dire non à ses copains.

Les félicitations sont des récompenses

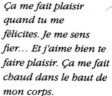

Ça me fait plaisir quand tu me félicites. Je me sens fier... Et j'aime bien te faire plaisir. Ça me fait chaud dans le haut de mon corps.

En même temps, c'est drôle, c'est comme si ça me faisait non... Comme si ça me faisait petit. En fait, ça me fait douter de moi. Parfois, je me dis que tu dis ça parce que tu cherches à me rassurer parce qu'en vrai, je suis nul ! Et puis, ça me met de la pression. Je ne cherche plus dans moi ce que je veux faire et comment je veux le faire. Je me pose la question : «Est-ce que ça va plaire à papa ? »

— Nous avons si peu été félicités, enfants, que bien naturellement nous sommes tentés de féliciter nos enfants à la moindre occasion. En réalité, les félicitations ne donnent pas forcément confiance. Faire le taxi, préparer un repas spécial, jouer avec l'enfant... lui donnera davantage confiance en lui que des félicitations.

Ce sont des récompenses verbales et elles peuvent avoir les mêmes répercussions que les autres récompenses. Une étude a montré que flatteries et félicitations avaient tendance à développer du narcissisme (l'*image* de soi). Tandis qu'une description de ce que nous avons apprécié développe davantage le *sentiment* de soi et la confiance.

Les félicitations risquent de déplacer l'enjeu de la confrontation à la tâche vers un enjeu relationnel : *faire plaisir* à l'autre. De plus, féliciter, c'est se poser en juge, placer donc l'enfant en position d'infériorité. Quand on dit « c'est bien » à un enfant, non seulement cela souligne que cela aurait pu être « mal » mais il ne mémorise pas l'action. Il mémorise sa fierté et la tension liée au risque d'échec. L'enfant est sous le jugement du parent, son cerveau frontal n'est pas mobilisé. En revanche, si le papa décrit ce qu'il a vu : « J'ai vu comme tu as passé le ballon à Brian ! » L'enfant revoit mentalement l'action, la joie déclenche la synthèse de protéines qui vont renforcer la gaine de myéline[1] des neurones impliqués dans cette action, coder le passage de l'influx nerveux qui a permis cette belle passe. Le papa aide ainsi son enfant à mémoriser l'action réussie… et donc à la réitérer !

---

1. La myéline est une substance graisseuse qui isole et protège les fibres nerveuses. Elle démultiplie la vitesse de propagation de l'influx nerveux.

J'AI VU COMME TU AS PASSÉ LE ALLON À BRIAN !

J'aime sentir que tu es là pour moi. Ça me fait chaud dans tout mon corps quand je vois que tu as du plaisir à passer du temps avec moi. Je me sens important, intéressant.

➜ Je ne m'immisce pas entre lui et sa tâche. Je lui permets de vivre sa fierté en lui demandant par exemple «Qu'est-ce que tu as ressenti quand tu as...?» ou «Qu'est-ce qui t'a fait le plus plaisir?» ou «De quoi tu es le plus fier?» On ne peut insuffler la confiance, juste lui laisser la place de s'installer.
J'écoute et je reflète le sentiment: «Je vois que tu es vraiment content» pour permettre à l'enfant de s'approprier sa joie, sa fierté et de dire «JE».
Je partage sa joie et dis la mienne!

Je suis content quand elle travaille bien

VOILÀ COMME JE T'AIME, CALME ET RÉFLÉCHIE !

➜ Mon enfant sait-elle que je l'aime même quand elle ne me fait pas plaisir ? Si je souligne les comportements que j'apprécie, je me mets en position d'évaluation. Tout jugement, même positif, risque d'être vécu comme une critique. J'encourage mon enfant avec davantage d'efficacité en lui prêtant attention, en m'occupant d'elle, en passant du temps à ses côtés.

Si tu ne m'aimes que quand je suis sage, que j'obéis, que je ne montre pas d'émotion, que je ne fais pas de bruit, j'ai l'impression de n'avoir aucune valeur. Tu veux que je sois une autre que moi, alors je me construis un personnage qui te plaira pour que tu m'apprécies. Mais au fond de moi, j'ai honte, j'ai le sentiment de ne pas avoir le droit d'exister. J'ai besoin de me sentir appréciée, reconnue pour ce que je suis, même avec ce que tu appelles mes «défauts».

11 ans
Les prémisses de
l'adolescence

À partir de onze ans, le cortex préfrontal des lobes frontaux se développe. La matière grise augmente nettement dans la partie frontale du cerveau vers onze ans chez les filles et douze chez les garçons. L'enfant est désormais capable de plus d'attention et de concentration, et de mener une tâche à son terme, même si elle se révèle ardue. Il commence à manipuler des idées abstraites et arbore des opinions marquées. Il décèle de mieux en mieux les motivations des autres autour de lui. Mais, attention, il n'est pas encore capable d'apprendre de ses échecs et n'intègre pas vraiment les commentaires négatifs pour rectifier une erreur. Il peut être dur envers lui-même mais reste ultra sensible à la critique.

Préoccupé par son apparence, il aime appartenir à un groupe, être populaire et ressembler aux autres. Il veut être lui, mais pas différent ! Se montrer critique de ses parents est une question de prestige. Il a besoin de marquer une indépendance qui n'est pas encore très solide. On ne sait jamais si on doit l'aider ou non. Il le requiert, puis se braque quand nous offrons notre aide. Moi, pas moi, tel est l'enjeu. Il peut paraître capricieux tant il est changeant. Même son appétit fluctue énormément. Les soudaines perturbations émotionnelles de la puberté commencent à montrer leur nez. On le voit super-mature un moment, tout à fait immature le suivant. Contrairement à l'enfant de neuf, dix ans, il se fatigue désormais facilement, ce n'est pas de la paresse, juste la croissance.

On ne peut rien faire avec lui !

ON ARRÊTE, AVEC TOI, C'EST CHAQUE FOIS PAREIL, ON NE PEUT PAS JOUER. TU TE PLAINS SANS ARRÊT…

➜ J'évite de faire porter à mon enfant le poids de l'échec de notre moment de jeu. Même quand je ne comprends pas exactement ce qui s'est passé, je me souviens d'une part qu'il ne le fait pas exprès, d'autre part que nous sommes tous deux responsables.
Changer d'activité peut être une bonne idée quand on est piégé dans un cercle vicieux qu'on ne maîtrise pas, mais ensemble !

Je suis nul. J'étais content de jouer avec papa et j'ai tout gâché !

L'enfant veut que son papa soit fier de lui. Il se met la pression. Le papa tente d'aider son fils en lui donnant des conseils… mais ses mots activent les zones verbales dans l'hémisphère gauche du cerveau de l'enfant[1]. Or, quand le cerveau est ainsi occupé au traitement d'informations auditives, cela court-circuite le lien direct de l'œil à la zone postérieure qui commande l'action et déclenche la réaction motrice appropriée.

De plus, l'enfant est de plus en plus anxieux et désireux de bien faire… Plus il se juge, plus il cherche à «faire bien», plus il utilise sa volonté pour contrôler ses mouvements, plus il mobilise donc l'avant de son cerveau gauche et moins ses gestes sont fluides. L'enfant joue mieux quand il est dans le plaisir de l'action, quand il laisse ses gestes faire, quand il se concentre sur la balle et non sur ses inquiétudes.

Il ne se positionne pas correctement par rapport à la balle et la rate souvent? Nombre d'enfants ont un léger problème de convergence oculaire. Cela ne se voit guère, mais un rendez-vous chez l'orthoptiste peut changer sa vie sur le court de tennis, et peut-être aussi à l'école !

1. Timothy Gallwey a été le premier à montrer combien la pensée bloque le geste dans son best-seller *The Inner Game of Tennis*.

RESPIRE!
TIENS TA RAQUETTE!
FAIS UN EFFORT!

J'Y ARRIVE PAS!
ENCORE LOUPÉ!

*Arrête,
papa!
J'essaye
de faire tout ce
que tu me dis,
et j'y arrive de
moins en moins.
Je m'en veux.
Je voudrais
tellement faire
rien que des
jolies balles pour
que tu sois fier
de moi!*

➜ Je lui rappelle que nous allons jouer au tennis, que le jeu c'est du plaisir ensemble et non une performance. Je demande éventuellement à l'enfant comment il désire que je joue (fort, tranquille, le faire courir ou non). Je ponctue le jeu de « *J'aime jouer avec toi*», « *Quel plaisir de jouer par ce beau temps*». Ou s'il fait mauvais: « *Chouette qu'on joue ensemble. Tout seul, je ne serais pas sorti, ça me fait du bien de bouger!*»
J'évite tout jugement. Je respire suffisamment fort pour lui rappeler de respirer. Un petit truc à souffler à l'enfant avant: « *Au cas où je craque et dis quelque chose qui t'énerve, tu penses dans ton cœur "Je t'aime, papa". Et dès que tu t'entends te dire dans ta tête "Il faut que je..." ou "Je dois" ou "J'y arrive pas", tu remplaces par "Je t'aime, j'aime jouer avec toi", c'est un petit truc que tu peux aussi utiliser avec tes copains de judo, ou dans n'importe quel sport.* »

Elle jette ses affaires n'importe où

C'EST QUOI ENCORE CE SAC DANS LE SALON ? !!

Tu m'accuses tout le temps !

Tu me reproches toujours quelque chose.

DEUX HEURES
PLUS TARD...

Accusations et recherches du coupable gaspillent notre énergie. Nous avons vu que les ordres ne sont pas plus efficaces. Alors? Décrire simplement ce que nous voyons nous évite de prendre un ton coléreux, ne mobilise donc ni notre propre amygdale, ni celle de l'enfant et guide son attention vers le problème. L'enfant, du coup, puisque rien ne lui est demandé et aucune solution ne lui est proposée, réfléchit automatiquement par lui-même à la situation et prend naturellement une décision appropriée.

JE VOIS UN SAC
DEVANT LE CANAPÉ.

Il joue en ligne à des jeux violents

C'est excitant ! Je me sens tellement bien quand je joue… J'ai l'impression d'être le maître du monde ! J'adore ça. Et puis l'ordi, lui, il ne me juge jamais. J'ai des copains dans le monde entier, ils ont besoin de moi pour des quêtes dans le jeu : je me sens reconnu, utile, connecté. C'est trop génial.

Les jeux vidéo ne sont pas à diaboliser, mais ils sont clairement à encadrer. Les plus nocifs sont évidemment ceux où l'enfant tire sans cesse sur des cibles humaines très ressemblantes.

Les quêtes et autres missions semblent aider à développer l'attention, la mémoire, et la pensée complexe, cependant la plupart des jeux entraînent surtout la rapidité de réaction. Pas le temps de réfléchir, on tire d'abord.

Ce n'est pas une compétence vraiment utile au quotidien et encore moins à l'école ! De plus, les concepteurs de jeux ont tout prévu pour développer l'addiction. Le rythme des images, la brillance de l'écran, les sons hypnotiques excitent certaines zones de son cerveau. Le savant dosage d'échecs (essaye encore) et de «récompenses» active le *noyau accumbens*, la zone des addictions…

L'addiction n'est pas réservée aux enfants dépressifs ou à problèmes. Le contrôle parental est nécessaire.

→ Même si le bruit me dérange, l'ordinateur est placé dans une pièce commune et pas de casque! J'évite de le laisser s'isoler dans ce monde virtuel. Je lui demande de supprimer le son ou au moins de réduire le niveau sonore du jeu. Présent(e) dans la même pièce que l'enfant, je lui parle de temps à autre, je lui rappelle régulièrement de regarder au loin pour ne pas abîmer ses yeux. (Les alternances regarder loin, près, loin, près, sont importantes pour la vue.) Je m'intéresse à ses jeux, je lui demande de m'expliquer.

Par ailleurs, je suis attentif/ve à lui proposer d'autres activités intenses, d'autres sources de satisfaction, de valorisation et de stimulation de son *noyau accumbens*. Sports d'équipe, participation à des compétitions de construction, de dominos, dans une association humanitaire… Sorties en famille, jeux de société, peinture, sculpture et autres créations ou implication en groupe.

Et puis, il est trop jeune pour les jeux en ligne! J'installe un contrôle parental sur l'ordinateur.

Que se passe-t-il en nous, parent ?

Il met du temps à s'habiller le matin, elle ne respecte pas les horaires de retour de chez sa copine, le chaos règne dans sa chambre, elle tarde à aller se laver les dents, ils se chamaillent et mettent du temps à éteindre leurs écrans... Nos enfants ont l'art de nous frustrer ! À vrai dire, ils vivent leur vie, et ne font pas intentionnellement toutes ces choses dans l'objectif de nous énerver... Mais nous avons tout de même tendance à prendre leurs comportements comme s'ils étaient dirigés contre nous et nous y réagissons parfois un peu exagérément. Lorsqu'ils ne se conforment pas immédiatement à ce que nous leur demandons, il nous arrive de sortir de nos gonds et de nous mettre à crier, tempêter, punir, dire toutes sortes de choses que nous ne pensons pas vraiment. Qui crise à la moindre frustration ? Nous ne pouvons leur reprocher leurs crises si nous ne maîtrisons pas nos nerfs. Pour leur enseigner à tolérer la frustration, nous avons à leur montrer l'exemple. De la même manière, en cas de dépressurisation dans un avion, nous sommes invités à mettre le masque à oxygène sur notre visage avant de le placer sur celui de notre enfant, occupons-nous donc tout d'abord un peu de nous.

Je m'énerve et je crie

Il est paradoxal de crier sur un enfant pour lui demander de se calmer. Outre que le modèle que nous lui offrons n'est pas très inspirant, charger le corps de l'enfant d'adrénaline et de glucocorticoïdes n'est pas la voie la plus évidente pour l'aider à s'apaiser! Il a besoin d'un autre carburant.

Quand tu me cries dessus comme ça, je me sens toute paralysée dans mon corps...

Et attention à la sortie de la paralysie. Le figement accumule le stress. L'amygdale continue de sonner l'alarme dans l'organisme de l'enfant, non seulement le rendant incapable de réfléchir mais activant la libération d'hormones qui le mèneront fatalement à commettre une nouvelle bêtise, à moins que nous n'ayons l'idée de lui proposer un jeu, un câlin ou un massage pour restaurer le lien. En sommes-nous capables ?

→ Je respire, je m'occupe de gérer mon stress.

Nos enfants nous imitent

Nos enfants nous regardent. Même s'ils paraissent parfois nous en vouloir, ils pardonnent tout et nous voient comme des modèles. L'imitation jouant un grand rôle dans l'éducation, le bénéfice de la maîtrise de soi est immense.

Crier enseigne à l'enfant à crier. Taper lui enseigne à taper, perdre ses moyens et dire n'importe quoi lui enseigne…

➜ Nous sommes responsables vis-à-vis de nos enfants de notre conduite, quelle que soit la manière dont eux se conduisent.

"Elle me cherche !"

> ARRÊTE ÇA TOUT DE SUITE OU JE M'ÉNERVE ! MAIS QU'EST-CE QUE TU AS DONC DANS LA TÊTE ? TU CHERCHES LES ENNUIS ! TU VAS VOIR, SI TU CONTINUES, ÇA VA TOMBER !

Perdre le contrôle de soi face aux comportements d'un enfant, c'est comme lui confier la télécommande de nos réactions. L'enfant, insécurisé par ce pouvoir qu'il ne cherche pas, a tendance à réitérer ce qui lui fait peur. Non, malgré les apparences, ce n'est pas de la provoca-

> *Quand tu me dis que je te cherche, maman, c'est comme si je faisais exprès de t'énerver. Comme c'est pas vrai, ça me fait peur. Quand j'ai peur comme ça, mon cerveau me fait refaire les mêmes gestes, lentement. Je ne sais pas comment faire autrement…*

tion. C'est ainsi que le cerveau tente de retrouver de la sécurité. Ce qui fait peur doit être répété jusqu'à ce que cela puisse être maîtrisé. Le comportement qui a mené maman à exploser doit être répété, parce que l'enfant ne peut se permettre de faire exploser ainsi sa mère, le cerveau doit identifier ce qui s'est passé… Il conduit la répétition jusqu'à ce que tout explose.

D'où vient cette agressivité ?

Papa ne m'aime pas. Je ne suis pas le garçon qu'il voulait. Je ne dois pas être moi-même.

Toutes sortes de déclencheurs peuvent activer notre agressivité. Nous pensons que le comportement ou les besoins de l'enfant nous déstabilisent; en réalité, l'accumulation de stress, un conflit avec un autre adulte, la fatigue, le poids de la responsabilité, la dépendance même de l'enfant, peuvent être à l'origine de notre état de tension. Ce stress diminue notre tolérance à la frustration, et la moindre incartade ou même la simple proximité de l'enfant peut déclencher une réaction de défense et de rejet.

L'imagerie cérébrale permet de visualiser l'activité du cerveau du parent lorsque son enfant est en détresse ou lui fait une demande.

Le parent qui, enfant, a été écouté, porté, câliné, a bénéficié d'un attachement sécure, voit son cerveau inondé d'ocytocine. Les zones cérébrales «prendre soin de» s'activent.

En revanche, celui qui n'a pas pu construire un attachement sécure montre une activation du système de stress, un conflit entre approche et évitement. Son cerveau ne reçoit aucune molécule d'ocytocine, il perçoit du danger et son amygdale déclenche une réaction de défense : l'agression ou la fuite. Le parent se sent envahi par une vague de violence ou de froideur difficile à juguler.

La densité des récepteurs à l'ocytocine et à la dopamine dans le cerveau d'un parent dépend pour une part de la qualité de l'éducation qu'il a lui-même reçue. Inutile donc de culpabiliser, nos capacités de gestion du stress dépendent de notre histoire personnelle. Il nous incombe néanmoins de gérer notre stress pour ne pas le projeter sur l'enfant. Car, de la même manière que l'enfant qui a accumulé des tensions à l'école nous les montre le soir à la première occasion, lorsque nous avons passé une sale journée au bureau, nous ne supportons pas la moindre résistance ou opposition de sa part.

Dans les moments de stress, quand nous nous sentons démunis face à eux, quand ils nous frustrent en ne se comportant pas comme nous l'attendions, nous avons soif de les dominer pour contrer ce sentiment d'impuissance extrême qui nous a étreints à l'identique lorsque nous étions nous-mêmes enfant. Le reconnaître peut nous aider à juguler une réaction démesurée.

➜ Être parent n'est pas de tout repos. Nos « nerfs » sont souvent mis à rude épreuve. Raison de plus pour en prendre soin de façon à conserver nos capacités à parenter et montrer l'exemple. Je suis l'adulte !
Je respire. Je me pose les questions : Qu'est-ce qui se passe pour moi ? Qu'est-ce qui m'énerve exactement ? Qu'est-ce qui est important pour moi ?

Bonne nouvelle, interagir positivement avec nos enfants augmente le niveau de dopamine dans notre cerveau et stimule le *noyau accumbens* (circuit de la récompense et du plaisir). Donner de la tendresse à nos enfants est bon pour nous ! Le plus égoïste des parents y a intérêt.

➜ Donner de l'amour nous en remplit !

Rester l'adulte quelle que soit la situation

→ Je lui reproche de ne pas se contrôler ? Je lui montre ce que signifie le mot maîtrise ! Pour se sentir au contrôle, certain(e)s donnent des punitions. Mais ce n'est pas manifester sa puissance que de prendre le pouvoir sur l'autre. Changer d'état en restant face à l'enfant est trop difficile, je vais faire un petit tour au jardin ou aux toilettes.
Là, on peut prendre le temps de respirer. Pour m'aider à diminuer mon énervement, je m'imagine en train de nager ou de marcher dans un endroit agréable. J'évoque mentalement un lieu ressourçant, un souvenir heureux. Je relativise et je retrouve mon amour pour mon enfant en le revoyant bébé (voir p. 206, Petites techniques pour conserver son calme ou le retrouver).

Dans les moments de tension, nos comportements ne sont plus que des réactions. Il serait bien sûr utopique de ne poser vis-à-vis de nos enfants que des actions réfléchies.

Cependant, quand un souci se répète, quand l'enfant est enfermé dans un comportement déplaisant, quand nous n'arrivons pas à sortir d'un conflit, nous avons tout intérêt à prendre le temps de réfléchir avant d'agir. Notre prétendue

spontanéité n'est le plus souvent qu'un automatisme. Nous ne sommes pas des robots, nous pouvons récupérer le pouvoir sur nos comportements parentaux.

La simple évocation mentale d'un moment de bonheur avec l'enfant inonde notre cerveau de dopamine et d'ocytocine. Ces hormones viennent tempérer amygdale et hippocampe, nous sortons ainsi du système défensif pour retrouver notre maîtrise de nous-mêmes et notre intelligence de la situation, ce qui va nous permettre de choisir une attitude éducative.

→ D'où vient que cela me touche tant ? Je regarde d'abord ma situation présente : Impuissance, frustration, sentiment d'injustice ? Est-ce que je vis ce sentiment dans ma vie en ce moment ? Suis-je stressé(e) par ailleurs ? Si rien n'explique l'intensité de ma réaction, je cherche dans mon passé. Qu'est-ce que cette situation me rappelle ? Comment réagissaient mes parents devant ce type de situation ? Qu'est-ce que j'éprouve ? D'où vient que ce sentiment soit si difficile à vivre, est-ce que je l'ai déjà vécu ? Quels souvenirs surgissent ?

Je guéris l'enfant en moi. J'écoute ses émotions, je lui donne la tendresse, l'amour dont il/elle avait besoin. Je vois comment mon passé influence mon présent.

Je laisse le passé à sa place et je considère le présent d'un nouvel œil.

Résoudre un problème

FAIS UN EFFORT POUR ÉCRIRE CORRECTEMENT !
TES PROFS SE PLAIGNENT DE TES COPIES
ILLISIBLES, ET ÇA NE M'ÉTONNE PAS,
REGARDE-MOI ÇA !

Mais je fais des efforts, maman… Je m'applique le plus possible. Je vais bien au bout de la ligne pour ne pas gâcher de papier… Je ne comprends pas pourquoi vous n'êtes pas contents, toi et le prof de français. Je suis tout tendu. Regarde ma main sur mon stylo, aussi comme je fais des efforts. Mais plus j'appuie, plus ça fait sale. Et plus tu cries. Quand tu cries, je m'applique encore plus, j'appuie, et ça empire. Ça m'aide pas quand tu cries sur moi, maman. Je ne comprends pas ce que tu veux.

MON ÉNERVEMENT NE SERT
QU'À LE STRESSER.
MAIS POURQUOI ÉCRIT-IL AINSI ?
JE NE COMPRENDS PAS…
POURTANT IL ME DIT QU'IL FAIT
ATTENTION… UN DOUTE ME VIENT :
EST-CE QU'IL SAIT À QUOI IL DOIT
FAIRE ATTENTION ?

BON, QUEL EST MON OBJECTIF ?
QUE SES CAHIERS SOIENT
AISÉMENT LISIBLES ET
BIEN PRÉSENTÉS.
QUEL EST SON BESOIN ?
A-T-IL JAMAIS APPRIS ?

JE ME SUIS ÉNERVÉE TOUT À L'HEURE ET JE SAIS QUE ÇA NE T'AIDE PAS. C'EST POUR ÇA QUE JE ME SUIS ÉLOIGNÉE POUR RESPIRER, ME CALMER ET POUVOIR RÉFLÉCHIR. J'AI PENSÉ QUE PEUT-ÊTRE IL Y AVAIT DES CHOSES QUE TU NE SAVAIS PAS. JE VAIS T'EXPLIQUER PRÉCISÉMENT CE QUE J'ATTENDS.

TU RESPECTES LES MARGES EN HAUT, EN BAS, À GAUCHE ET À DROITE. TU N'ÉCRIS PAS DANS LA MARGE DE GAUCHE. TU LAISSES LA PLACE À L'ENSEIGNANT POUR QU'IL PUISSE METTRE DES COMMENTAIRES. SUR LE CÔTÉ DE DROITE, TU VAS À LA LIGNE AU MOINS UN CM AVANT LA FIN.

BRAVO ! C'EST EXACTEMENT ÇA. MAINTENANT
QUE LES MARGES SONT INTÉGRÉES, ENTRE CHAQUE
EXERCICE, TU SAUTES UNE LIGNE.
COMME ÇA ON VOIT BIEN LA DIFFÉRENCE
ENTRE CHAQUE PARTIE.

MAINTENANT, TU CHANGES
D'EXERCICE ET QU'EST-CE
QUE TU FAIS ?

JE SAUTE
UNE LIGNE ~

➔ Retrouvez
les huit étapes de
résolution d'un
problème, p. 208.

EN FAIT, TOUT LE MONDE
S'ÉNERVAIT APRÈS LUI,
MAIS À AUCUN MOMENT IL
N'AVAIT INTÉGRÉ LES RÈGLES
DE CE JOUR, SES CAHIERS
ONT CHANGÉ DE LOOK.

Conclusion

Les comportements de nos enfants ne sont jamais dirigés contre nous mais vers nous comme des appels, parce que nous sommes leurs parents, ceux à qui ils font confiance pour les soutenir et les guider dans la vie. Leurs comportements, pour désagréables ou agressifs qu'ils soient, sont des réactions. Ils ont donc des causes. L'enfant ne réagit ainsi ni par hasard, ni par intention de nuire. Alors, poser à haute voix la question « *Que se passe-t-il ?* » sera notre sésame pour nous aider à inhiber nos propres automatismes, à penser à respirer et à procéder à l'analyse de la situation.

Il est important de ne pas se piéger dans l'idée qu'une seule attitude, donc une seule solution, serait possible. Auquel cas, nous chercherions «la bonne» solution. Non. Chaque solution a ses conséquences. Vers un même objectif, différentes routes sont souvent possibles. L'idée d'une «bonne» chose à faire en toutes circonstances est source d'un sentiment de culpabilité des parents tout à fait inutile et destructeur. Une fois choisie, l'attitude est la bonne. Les résultats ne sont pas toujours immédiats, surtout si nous changeons beaucoup de style éducatif. Nombre de nouvelles compétences de parentalité positive auront un impact instantané. Pour d'autres, il peut y avoir un temps de latence pendant lequel l'enfant est sur ses gardes.

Outre l'école, que j'aborderai dans un autre livre, tant de questions n'ont pas été abordées dans ces pages, celles concernant les réseaux sociaux par exemple, car même si les enfants de moins de treize ans ne sont pas censés pouvoir accéder à Facebook, de nombreux jeunes de onze voire dix ans ont menti sur leur âge et postent déjà images et commentaires sur leur page. Les enfants disposent d'un téléphone mobile de plus en plus jeunes, et l'utilisent pour jouer, mais aussi pour communiquer…

Mais ce qui se nomme communication aujourd'hui se rapproche parfois davantage de la publicité que d'un échange de point de vue ou de sentiments. Les filles surtout envoient des *selfies*, des photos d'elles souriantes, comme si elles figuraient dans un spectacle permanent, dévastateur pour la construction de leur intériorité. Nous ne pouvons guère réduire leur accès aux objets électroniques qu'en passant du temps avec eux. Certains objectent ne pas savoir jouer ou quoi faire avec eux. Pourquoi ne pas se laisser guider par l'enfant?

Lui/elle sait ce dont il/elle a besoin. Certes, nous manquons de temps. Est-ce bien vrai? Ne pourrions-nous revoir nos priorités? Chaque jour des enfants tombent malades, ont des accidents, meurent. Ce n'est pas toujours l'enfant des autres. Lors de la disparition d'un enfant, nous ne nous remémorons pas ses mauvaises notes ou son refus de passer l'aspirateur, nous nous souvenons des moments tendres, des jeux, des instants de plaisir partagé. Nous regrettons chaque conflit. Chaque punition infligée nous fait mal à l'intérieur. Et même si nous traversons l'enfance de nos enfants sans heurt majeur, une fois qu'ils seront partis, assurons-nous de ne pas regretter de ne pas avoir eu davantage de lien.

Consacrer du temps à notre enfant, sans répondre à notre propre téléphone ni penser à la liste des courses; un temps dédié durant lequel nous suivons ses consignes, loin d'être une perte de temps, en gagne énormément. Quand elle demande quelque chose, il nous arrive de dire: «Je n'ai pas que ça à faire.» Réfléchissons-y à deux fois. Car y a-t-il plus grande urgence que de passer du temps de bonheur ensemble? Et quand il nous arrive de penser que ses jeux ne nous intéressent pas, souvenons-nous que nous ne jouons pas aux voitures, à la poupée, aux Legos ou au Monopoly, nous jouons avec l'enfant! Certes, nous avons nos préférences, mais comment demander à un enfant de faire un effort pour faire telle ou telle chose importante pour

nous, si nous ne savons pas lui montrer que nous aussi sommes capables de faire telle ou telle chose importante pour elle? Jouer avec l'enfant est probablement plus important et même plus efficace pour ses résultats scolaires que de l'aider à faire ses devoirs! Lui donner du temps le valorise bien plus que mille félicitations. Le simple fait de prendre du temps avec lui et d'y prendre plaisir lui

donne le sentiment d'avoir de l'importance, de la valeur! N'est-ce pas ce que nous désirons plus que tout? Que nos enfants aient le sentiment d'avoir de la valeur en tant que personnes?

Nous voulons aussi que nos enfants se fassent un peu moins de nœuds émotionnels que nous! Ces nœuds sont noués par la peur. Peur de la punition, du rejet, de ne pas avoir de récompense, d'être désapprouvé, de perdre l'affection, de perdre un privilège, d'être grondé, ou de recevoir des coups. Tout ce qui altère leur sens de connexion avec l'adulte qui s'occupe d'eux va déclencher une subtile ou intense anxiété, qui va se développer en stress constant, comportements excessifs, insécurité, peurs nocturnes, agression, défiance.

Non, la mauvaise graine n'existe pas.

C'est aujourd'hui une certitude, l'histoire d'un individu, et plus précisément son histoire relationnelle, le façonne. La maturation du cerveau humain est influencée par les interactions de l'enfant avec son environnement physique, émotionnel et social. Ni inné ni acquis, tout est désormais dit épigénétique, fruit d'une interaction continue entre code génétique et environnement. Non seulement l'expression des gènes est modulée par l'environnement, mais l'expérience peut modifier le code génétique.

Chaque jour, par notre attitude, nous renforçons et nourrissons tel ou tel comportement selon la zone du cerveau à laquelle nous nous adressons. Nous savons désormais que les coups, punitions et rejets vécus dans l'enfance altèrent notre capacité au bonheur, en diminuant nos récepteurs à l'ocytocine et en suractivant notre système de stress. Même si le cerveau est plastique, c'est-à-dire que nous produisons de nouveaux neurones et de nouvelles connexions jusqu'à la fin de nos jours, et si la méditation, la psychothérapie, l'amour peuvent nous guérir, nous pouvons peut-être éviter à nos enfants ce détour par la souffrance. Si nous avons un doute entre deux attitudes, nous avons désormais un guide fiable : Est-ce que cela va stresser son système nerveux ou le remplir d'ocytocine ?

L'éducation est avant tout une relation. Privilégier cette dernière est toujours prioritaire. De l'agressivité aux mauvais résultats scolaires, une mauvaise relation entraîne toutes sortes de symptômes. Une bonne relation permet en revanche de faire face aux difficultés et de surmonter, ensemble, les obstacles. Et pourtant, nous oublions trop facilement cette priorité. Préserver la relation ne signifie pas pour autant chercher à se faire aimer par les enfants en leur « passant » tout.

Nous avons beaucoup parlé du cerveau dans cet ouvrage, nous avons aussi évoqué notre deuxième cerveau, le cerveau entérique, nos intestins. N'oublions pas le troisième cerveau récemment redécouvert par les scientifiques, le cœur! En effet, ses 40 000 neurones réagissent de manière autonome aux états émotionnels de notre entourage. Donc, un doute? Je privilégie le cœur! L'amour et le lien, premières nourritures de ma jeune pousse, seront toujours le meilleur choix.

Petites infos et ressources supplémentaires

1. L'attachement

L'attachement est la relation établie par un bébé avec la personne qui prend soin de lui. Quand sa figure d'attachement répond à ses demandes, prend soin de lui et se montre attentive à ses tentatives de communication, l'enfant construit un attachement sécure, autrement dit une bonne base de sécurité intérieure. Quand le parent ne répond pas aux demandes de l'enfant, ne prend pas soin de lui, ne prête pas attention à ses émotions, punit, gifle, cela impacte les structures cérébrales altérant les capacités futures de résistance au stress et jusqu'à son ADN.

2. Les principaux facteurs de stress

- Le danger ou l'insécurité (pour un enfant : la distance physique ou psychique avec la personne qui prend soin de lui)

- La non-satisfaction de besoins physiologiques vitaux (soif, faim, sommeil, mouvement…)

- Le décès d'un proche

- Des relations conflictuelles avec l'entourage

- La contrainte et le manque de pouvoir sur les situations

- Les émotions refoulées (anxiété, tristesse…)

- Les conflits de territoire (mes jouets, mes affaires…)

- Les stimulations sensorielles excessives ou désagréables, bruit, lumières intenses.

- Des facteurs environnementaux : pollution de l'air, de l'eau, produits chimiques dans la nourriture.

3. L'aider à résoudre ses problèmes

Une fois la souffrance exprimée, place à la résolution de problème.

Je pose des questions ouvertes – une question ouverte incite au développement, contrairement aux questions fermées auxquelles on répond par oui ou par non.

Les questions utiles commencent par : *Qu'est-ce que, de quoi, comment…* Le mot *pourquoi* est à bannir. D'une part, l'enfant ne sait pas y répondre. D'autre part, son cerveau risque de fournir de fausses pistes pour satisfaire le questionneur.

Je commence par lui demander de décrire la situation, ce qu'il a ressenti, ce qu'il s'est dit et ce qu'il a fait.

– *Qu'est-ce qui s'est passé ?*

– *Qu'est-ce que tu as ressenti ?*

– *Qu'est-ce que tu t'es dit ?*

– *Et après, qu'est-ce qui s'est passé ?* (Question permettant à l'enfant le cas échéant de réaliser qu'il est finalement sorti de la situation)

– *Qu'as-tu tenté de dire ou de faire ?*

– *Comment ça a fonctionné ?*

– *Tu dis que tu n'as rien fait ? Alors, comment ça a fonctionné de ne rien faire ?*

1. Plus d'informations dans mon livre *Que se passe-t-il en moi ?*, éd. JC Lattès ou Poche Marabout. Ou dans un stage *Grammaire des émotions*. (www.eirem.fr).

– Et comment tu t'en es sorti?

J'alterne entre accueil de ses émotions, empathie et accompagnement pas à pas grâce à des
questions ouvertes balayant la description des
faits, les comportements, pensées et sentiments
des différents protagonistes. Je l'invite à prendre
conscience de ce que chacune des personnes concernées pouvait éprouver et se dire. Peu à peu, un paysage plus complet de
la situation se dessine.

Puis j'ouvre sur *«Maintenant que tu m'as raconté tout ça, qu'est-
ce que tu comprends qui s'est passé?»*.

Pour enfin arriver à :

– *De quoi tu aurais besoin?*

– *Que pourrais-tu faire? Trouvons ensemble au moins trois différentes manières de réagir.*

– *Qu'est-ce que tu décides de faire?*

– *On en reparle mercredi soir pour voir comment ça aura
marché?*

4. Qu'est-ce qu'une émotion[1]?

Colère face à une injustice, une frustration ou une blessure. Peur
face à un danger. Joie face à un succès, un moment de partage,
ou simplement par plaisir de vivre. Tristesse lors d'un deuil, d'une
déception, d'une perte. Ce sont des réactions physiologiques et
adaptatives de l'organisme. L'amygdale ordonne un déluge d'hormones pour préparer le corps à réagir AVANT d'informer le néocortex, lequel tempérera ou confirmera la réaction appropriée…
C'est ce que les scientifiques nomment la voie rapide. D'autres
parlent d'émotions primaires.

Par opposition, les sentiments et réactions émotionnelles secondaires prennent leur source dans les pensées. Les scientifiques parlent de circuit lent. Ces réactions émotionnelles secondaires dépendent donc de nos interprétations. Et ces dernières peuvent être erronées! «*Je me dis que ce n'est pas juste, alors j'éprouve de la colère.*» Si j'exprime cette dernière, elle sera alors validée, donc renforcée. Exprimer une émotion la libère. Mais exprimer une réaction émotionnelle secondaire la renforce.

Quand l'enfant est aux prises avec une émotion, il éprouve une impatience physique, des impulsions. Son corps, chargé de tensions, l'incite à s'agiter, bouger, courir, frapper… Elle éprouve un besoin physique de «faire quelque chose». Il est irréaliste de lui demander de se tenir sage alors que son corps aspire au mouvement. Lui permettre de courir, danser, nager, de faire des mouvements amples l'aidera à se libérer. Après avoir couru, une forte émotion peut encore avoir besoin de sortir par des tremblements de tout le corps, des pleurs… qui sont juste à accueillir tendrement. L'enfant est en train de se libérer et non de souffrir.

Quand la décharge est impossible, l'enfant reste en tension… et peut exploser sur d'autres personnes ou face à des situations mineures. C'est alors une réaction parasite. Ces décharges-là ne permettent pas de libérer les tensions, elles vont chaque fois renforcer le sentiment. Par exemple, taper sa sœur ne va jamais aider un enfant à se libérer des tensions accumulées à l'école face à un autre élève qui le harcèle. Il continuera de frapper à la moindre occasion tant que son problème de harcèlement ne sera pas résolu.

Mon rôle est d'accueillir les émotions qui se dissimulent parfois derrière ses réactions émotionnelles exacerbées.

Gérer ses émotions s'apprend

Je peux nourrir son intelligence émotionnelle en lui enseignant à mettre des mots sur ce qu'il ressent, à identifier les déclencheurs et les causes de ses réactions, à maîtriser son corps, et à résoudre les problèmes auxquels il fait face.

L'enfant a besoin :	Le parent peut :
De vocabulaire : des mots pour nommer ses sensations et ses émotions, être capable de décrire ce qu'il ressent autrement que par des cris ou des coups.	Accueillir les émotions de l'enfant avec empathie. Aider l'enfant à décrire ses sensations. Nommer ses propres sensations lorsqu'il éprouve une émotion.
D'identifier quand l'émotion commence à monter en lui avant qu'elle ne l'envahisse.	Prêter attention à l'enfant et l'aider à remarquer qu'il sent des choses à l'intérieur de lui.
De savoir identifier les causes de ses réactions et distinguer les émotions à exprimer et les réactions émotionnelles à calmer et analyser.	Nommer les émotions de l'enfant ainsi que leur déclencheur. Nommer ses propres émotions ainsi que leur déclencheur.
De savoir exprimer ses véritables émotions et de techniques de décharge du stress, de retour au calme et de maîtrise de son énergie : respirer, se secouer, faire de grands mouvements amples, sautiller, souffler, boire à la paille... en cas de réaction émotionnelle secondaire.	Enseigner une technique par semaine, hors émotion, lors d'un temps calme. Utiliser ouvertement cette technique devant l'enfant pour lui permettre d'intégrer le modèle.

5. L'incidence de l'alimentation sur l'hyperactivité et le déficit d'attention

Les études scientifiques se multiplient et les résultats sont sans appel. Les produits incriminés sont le sucre, le gluten, le lait et certains colorants alimentaires et les phosphates.

• Les phosphates

83 % des garçons et 87 % des filles hyperactifs sont améliorés par une diète sans phosphates. On trouve ces derniers dans de nombreux produits industriels sous les termes : levure chimique, lécithine de soja, di, tri et polyphosphates.

• Les colorants alimentaires

L'Union européenne impose aux industriels la mention suivante : « Ces colorants peuvent avoir un effet nuisible sur l'activité et l'attention des enfants » sur les emballages des produits contenant du E110, E104, E122, E129, E102 et E124. À vos loupes (c'est écrit si petit que c'est quasi illisible sans !).

Il faut désormais emporter son Smartphone au supermarché pour s'informer sur la toxicité éventuelle des additifs !

• **Le sel**

Le sel augmente la pression artérielle. Entre 7 et 10 ans, un enfant ne devrait pas ingérer plus de 5 g de sel par jour. Tout compris ! Or, la plupart des produits industriels en contiennent. Et même si la loi française limite désormais la quantité de sel dans les plats cuisinés, vous en trouvez même dans ses céréales du petit déjeuner ! Avec 100 g de cornflakes, il a déjà avalé près de 30 % de l'apport journalier… Une simple tranche de jambon blanc lui apportant 87 % de l'apport journalier, il a déjà dépassé la dose !

Faire une recherche « informations nutritionnelles » sur internet.

• **Le lait**

Outre sa teneur en phosphates, le lait contient du sucre, et des caséines opioïdes qui se fixent sur les récepteurs opioïdes du cerveau. Le lait est impliqué dans l'agressivité et le manque d'attention. Éviter surtout le lait écrémé et chauffé à haute température, il a perdu les enzymes qui permettaient de le digérer et les graisses qui ralentissent l'arrivée du sucre dans le sang.

Il y a davantage de calcium dans une poignée d'amandes que dans un verre de lait. La suppression du lait de vache est efficace en vingt-quatre heures ! Ça vaut le coup de faire le test ! Mieux vaut supprimer tout lait que tenter un remplacement. Attention surtout au lait de soja, s'il ne mène pas à l'hyperactivité, il contient des œstrogènes et est déconseillé aux petites filles dont il accélérerait la puberté comme aux petits garçons qu'il démotive.

• **Le gluten**

Lorsque l'intestin est perméable, suite à un déséquilibre des bactéries et des enzymes, les protéines opioïdes du gluten peuvent traverser la paroi et aller se fixer sur les récepteurs opioïdes du cerveau, induisant des modifications d'humeur… pour le pire ! Nervosité, tension, agressivité…

• **L'aspartame et le glutamate peuvent déclencher de l'hyperactivité.**

**Quelques certitudes sur
ce qui peut aider l'enfant face au TDAH**

• L'exercice physique intense, et notamment la course à pied, améliore les symptômes par l'augmentation du flux sanguin dans le cerveau et la libération de dopamine.
• Le contact avec un animal. L'ocytocine libérée en caressant et en s'occupant d'un animal calme spectaculairement l'enfant hyperactif.
• L'alimentation (voir p. 198). Tous les enfants agités ne sont pas intolérants au gluten, au lait ou sensibles au sucre. Mais quand on a un enfant particulièrement ronchon, qui ne se fait pas d'amis... on peut vérifier la présence de peptides du gluten ou de caséine dans ses urines ou simplement supprimer l'aliment pendant une quinzaine de jours. Soit on peut constater une différence, soit pas! Cinq jours d'éviction du gluten sont nécessaires avant d'en voir l'effet. Il suffit de quelques heures pour observer une modification suite à la suppression du lait de vache.

• Le déficit en vitamines

Une supplémentation multivitaminée d'enfants entre six et douze ans souffrant de TDAH améliore le contrôle des comportements antisociaux comme le vandalisme ou les agressions.

6. Nourrir son cerveau[1]

Il a besoin d'une nourriture variée, avec le moins possible de polluants. Est bon pour le cerveau tout ce qui ralentit l'absorption

---

1. Plus d'informations dans mon livre *Bien dans sa cuisine*, éd. JC Lattès (réédité en poche chez Marabout sous le titre *Un zeste de concience dans la cuisine*).

des sucres et diminue l'indice glycémique, donc les fibres (fruits, légumes) et les (bonnes) graisses. Ces dernières fournissent de quoi construire la couche de myéline, cette couche de cellules graisseuses qui entourent les axones des neurones et accélèrent la conduction de l'influx nerveux, donc des informations.

• Augmenter sa consommation de fruits, de légumes, d'huiles de première pression à froid et de poissons gras (pour les fameux Oméga 3).

• Cuire à basse température pour ne pas détruire les vitamines.

• Supprimer tous les produits chimiques qui risquent de stresser le cerveau, tous les E quelque chose, tous les additifs alimentaires. En fait, pour faire simple, tout ce qui n'a pas un nom d'aliment!

• Diminuer le sucre et supprimer les sucres blancs. S'il est difficile de supprimer totalement les sodas, ils sont à réserver aux grandes occasions. Les jus de fruits sont aussi très sucrés, même «sans sucre ajouté». Dans un fruit entier, le sucre du fruit, le fructose, est associé à des fibres qui ralentissent son passage dans le sang. Dans les gâteaux, on peut remplacer le sucre blanc par du miel, du sucre complet, du sirop d'agave ou de la stévia (en évitant évidemment les édulcorants chimiques).

• Réduire les farines blanches, pain blanc, pâtes blanches, pizzas.

• Varier les aliments pour ne pas susciter d'allergie.

Le petit déjeuner

Un petit déjeuner riche en protéines et glucides complexes (féculents: pain complet, céréales complètes…) favorise dans le cerveau la synthèse des neuromédiateurs de l'équilibre, du bien-être et de la sérénité, notamment la sérotonine, et aide au contrôle des fluctuations du taux de sucre dans le sang. Un œuf, une tranche de jambon ou un morceau de fromage avec une tranche de pain complet au levain. Ou pourquoi pas un steak haché avec des patates douces, surtout si l'enfant est intolérant au gluten ou au lait.

Les supplémentations

Les produits industriels étant plus pauvres en nutriments, il est parfois utile de supplémenter l'enfant. Par exemple, une carence en magnésium peut provoquer des crampes, mais aussi de l'anxiété, de l'irritabilité, de la fatigue et de l'insomnie. Quand l'enfant est tendu, irritable, ce n'est pas forcément seulement «psychologique», des analyses biologiques pourront mettre en évidence ses besoins spécifiques en vitamines ou oligo-éléments. Suite à quoi, le médecin pourra prescrire des suppléments alimentaires.

7. Les exercices physiques pour aider au développement du cerveau

Tous les exercices physiques aident le cerveau, courir, sauter, s'asseoir et se lever. Nous sommes faits pour bouger! Rester assis pendant de longues durées n'est pas physiologique et induit du stress.

Tous les sports impliquant des mouvements croisés gauche/droite (course, gymnastique, arts martiaux) mobilisent les deux hémisphères cérébraux et permettent leur intégration.

Une vingtaine de mouvements de *brain gym* (gym cerveau) le matin et l'enfant part à l'école avec un cerveau en pleine forme. Vous trouverez facilement des vidéos d'exercices sur Internet.

L'exercice plus connu est le *cross crawl* :

Alterner :
genou gauche/coude droit
genou droit/coude gauche

Un autre exercice, excellent pour les enfants atteints de dyslexie, de TOCs, ou de TDAH?

Mains sur les hanches, tête en position neutre et yeux fermés, monter et descendre trois marches d'escalier, trois fois, trois fois par jour. (Pas plus de trois marches au début.) Une fois que le mouvement est parfaitement acquis, on monte à cinq marches puis à sept. Le faire ensuite en arrière avec la même progression.

Mêmes mouvements en portant un plateau sur lequel est posé un verre plein d'eau.

On peut aussi faire de petits jeux : De temps à autre, en se brossant les dents, utiliser la main gauche et se tenir sur la jambe gauche.

8. Les inconvénients des punitions

• Elles s'adressent aux symptômes, et non aux causes des problèmes. Et rien que pour cela, chacun devrait les éviter. Comme le problème ne sera pas résolu, il ne manquera pas de se manifester à nouveau par d'autres comportements déviants, entraînant fatalement une escalade.

• Elles évitent à l'enfant de faire face aux conséquences de ses actes et donc l'éloignent du sentiment de responsabilité. Comme l'enfant «paye» par la punition, il se vit comme exonéré de la faute, et ne s'y attarde donc pas.

• Les émotions causées par la punition stimulent le circuit de stress et empêchent l'enfant de réfléchir à ce qu'il a fait. La mémoire fonctionne, oui, mais l'enfant mémorisera le stress, la crainte, la colère, et non pas ce qui aura déclenché la punition.

• Les punitions n'enseignent que la peur du gendarme et non responsabilité et autodiscipline. Elles empêchent la prise de conscience des conséquences de l'acte commis en détournant l'attention de l'enfant vers des sentiments négatifs à l'égard du parent : sentiment d'injustice, colère, crainte…

• Elles font honte à l'enfant et donc bloquent plus encore le processus sain du sentiment de culpabilité qui aurait permis de prendre conscience de l'acte commis au profit du sentiment d'être mauvais en tant que personne. Lequel sentiment n'apportera bien évidemment aucun progrès.

• Elles altèrent l'attachement et la confiance dans la relation parent-enfant, et «vident» le réservoir de l'enfant, posant ainsi les conditions d'un nouveau dépassement de bornes.

• La peur et la honte engendrées par les punitions inhibent les fonctions cérébrales supérieures, ce qui a un impact sur les performances intellectuelles, la vie émotionnelle et la socialisation.

• Les parents punissent parce qu'ils sont dépassés et impuissants. L'enfant le perçoit et perd confiance en ses parents, cela l'insécurise, et cette insécurité se manifestera par davantage de comportements déviants.

• Le parent perd de l'autorité progressivement, d'une part parce que l'enfant finit par se protéger de ses sentiments désagréables par un «*Je m'en fiche*» et d'autre part parce que, du fait de leur inefficacité sur le moyen et le long terme, les punitions doivent être de plus en plus sévères. Punir n'est pas manifester son autorité.

Nous punissons par manque d'autorité !

• De plus, les punitions étant souvent infligées sous le coup de l'exaspération, elles sont souvent irrationnelles, disproportionnées et sans rapport avec le comportement problème.

9. Petites techniques pour conserver son calme ou le retrouver

Bien sûr, ces techniques peuvent être enseignées aux enfants et pratiquées avec eux.

• Prendre quelques respirations profondes en commençant par expirer.

• Souffler en faisant un petit trou avec les lèvres. (Pour s'entraîner, gonfler un ballon, puis jouer avec l'enfant à se l'envoyer par le souffle. Souffler pour faire voguer un petit bateau en papier sur l'eau.)

• Boire un verre d'eau avec une paille (pour hydrater les cellules cérébrales).

• S'étirer.

• Sentir le contact de ses pieds sur le sol.

• Transformer le dialogue négatif en positif : *Je n'en peux plus = Je respire pour retrouver mon calme.*

• Sucer un carré de chocolat noir.

• Sortir marcher dans la forêt ou au moins dans la rue ou sur le balcon. Respirer et regarder la verdure.

• Faire un peu de vélo d'appartement, de trampoline, de ballon de gym.

• Faire des mouvements amples.

• Faire rouler une balle de tennis sous la plante du pied.

• Fermer les yeux et porter son attention sur ses sensations corporelles. Sentir la plante de ses pieds, le poids du corps sous les fesses si nous sommes assis, respirer dans nos tensions…

• Porter une attention consciente à notre corps dans une intention de relâchement

• Sortir de soi-même, se voir de l'extérieur, se dissocier dans le temps ou dans l'espace.

• Sourire. Le sourire donne des informations en retour au cerveau : je suis content, je suis bien, tout va bien.

Un contact physique – câlins, bisous, massages – aide non seulement à gérer le stress du parent mais nourrit le réservoir d'attachement de l'enfant, restaure la confiance mutuelle et redonne de l'énergie pour résoudre ensemble le problème.

10. Résoudre un problème en huit étapes

1. Toujours privilégier la relation

Je me calme/Masque à oxygène ! Je prends un temps de respiration

Je suis dans l'urgence ? Je fonce m'isoler aux toilettes. Je respire profondément : 10 inspir/expir.

J'ai un peu plus de temps ? Je prends une douche, un bain, une demi-heure de relaxation sur mon lit, une balade en ville ou dans la campagne… Je débranche ! Jusqu'à être dans une disposition qui me permette de réfléchir réellement à la situation et à me centrer sur le problème que l'enfant rencontre.

Rien ne peut être obtenu sous stress, je lui «place le masque à oxygène» en m'approchant de lui avec tendresse. Je le regarde, je le touche, Plus la situation est difficile, plus il est important de remplir son réservoir d'amour. Et d'autant plus quand l'enfant nous exaspère.

2. Évaluer les besoins et possibilités de chaque âge

Il grandit toujours plus vite qu'on ne s'y attend et il est toujours plus petit qu'on ne le croit! Impossible pour les parents de toujours viser juste! Ce sont les résistances de nos enfants qui nous indiquent ses limites et ses besoins. Je jette un œil sur les capacités moyennes d'un enfant de son âge. Le problème que nous rencontrons peut-il naître d'un décalage entre mes attentes et ses possibilités? d'un besoin de son âge que je n'avais pas mesuré?

3. Réfléchir: Qui a le problème?

Est-ce mon problème? Alors j'exprime mon besoin. Si le problème est de son côté, je me mets à l'écoute.

Exemple de problème appartenant à l'enfant: il crie, insulte, pleure, se balance… Les comportements excessifs de nos enfants sont le reflet de leurs difficultés. Le problème est donc le plus souvent de leur côté.

Exemple de problème appartenant au parent: Je veux être au travail à 9 heures le matin, si l'enfant veut que le dépose à l'école avant, il est prêt à l'heure.

À manier avec précaution. Nous avons tendance à penser que le problème est de notre côté, nous éprouvons de la frustration, et désirons l'exprimer. Mais attention, le risque est grand d'initier ainsi un jeu de pouvoir. Entrer en compétition de besoins avec son propre enfant est contre-productif pour la résolution du problème et altère l'attachement. Il est toujours avantageux de commencer par penser que le problème appartient à l'enfant. Cela nous place en position d'écoute, d'attention aux besoins de l'enfant... Cela nourrit le lien et permet de faire face aux soucis avec plus d'acuité et d'intelligence.

4. À quel problème ce symptôme répond-il?

Quel est le besoin? Carence ou excès (physiologique, biologique, émotionnel, psychologique...)? Quel est le nœud dans les pensées de l'enfant? Les comportements qui posent problème sont des solutions. Si notre enfant a de la fièvre, nous cherchons certes à faire baisser la fièvre, mais nous savons qu'il s'agit d'un symptôme et qu'il est utile d'en identifier la cause: infection, virus... Ce n'est que lorsque nous aurons identifié cette cause que nous chercherons le médicament adéquat.

5. Quel est mon objectif?

Qu'est-ce que je vise en tant que parent? Me décharger de mes tensions, contrebalancer mon sentiment d'impuissance, protéger un petit frère, assurer sa sécurité physique, le rassurer, lui enseigner une compétence ou une valeur, pallier son immaturité cérébrale, l'aider à développer son cerveau frontal, restaurer le lien, l'aider à ce que ses cahiers deviennent propres, etc.

6. Évoquer différentes options d'attitude

Une fois l'objectif posé, je considère l'état actuel, je définis les besoins. Je réfléchis aux étapes à parcourir et aux moyens à mettre en place.

Il est important de ne pas se piéger dans l'idée qu'une seule attitude, donc une seule solution, serait possible. Auquel cas, nous chercherions la «bonne» solution. Non. Chaque solution a ses conséquences. C'est pour cela qu'il est utile de définir notre objectif. Et vers un même objectif, différentes routes sont souvent possibles. L'idée d'une «bonne» chose à faire en toutes circonstances est source d'un sentiment de culpabilité des parents tout à fait inutile et destructeur.

J'étudie différentes options et j'élabore mon plan.

7. Mettre en œuvre la stratégie choisie.

Une fois choisie, c'est la bonne! Les résultats ne sont pas toujours immédiats, surtout si cela modifie notre style éducatif de manière importante. Nombre de nouvelles compétences de parentalité positive auront un impact instantané. Pour d'autres, un temps de latence – pendant lequel l'enfant reste sur ses gardes – précédera la transformation. Je me donne un temps d'essai et je prends rendez-vous avec moi-même (ou mieux avec l'autre parent) pour évaluer le résultat de l'approche.

8. Évaluer le résultat.

Après quelque temps de mise en place de ma stratégie, j'en évalue les effets. Qu'est-ce qui a changé? Pour autant, bien sûr, qu'il ne s'agissait pas d'un comportement naturel lié à l'âge de l'enfant, mais bien de la manifestation d'un problème, le comportement symptôme a-t-il cessé? Un autre symptôme, une autre manifestation ont-ils apparu?

Pour approfondir

AMEN, Dr Daniel, G.,
Change your brain, change your life. The breakthrough programme for conquering anger, anxiety, obsessiveness and depression, Piatkus, UK

ANTIER, Edwige,
L'Agressivité, Éd. Bayard

COHEN, Lawrence,
Qui veut jouer avec moi ? Éd. JC Lattès

CRARY, Elizabeth,
Arrête d'embêter ton frère !
Et toi, laisse ta sœur tranquille ! Éd. JC Lattès

DALEY OLMERT, Meg,
Made for each other, the biology of the Human-animal bond, Da Capo Press

DALLOZ, Danielle,
Le Mensonge, Éd. Bayard

GALLWEY, Timothy,
The Inner Game of Tennis, Random House

GORDON, Thomas,
Parents efficaces au quotidien, Marabout

GREENSPAN, Stanley, BENDERLY, Beryl Lieff,
L'Esprit qui apprend. Affectivité et intelligence (1998)
Éd. Odile Jacob (affreusement mal traduit, préférer la version américaine *The Growth of The Mind*)

GUEDENEY, Nicole,
L'Attachement, un lien vital, Éd. Fabert – yapaka.be

HUEBNER, Dawn, MATTHEWS, Bonnie,
What to Do When Your Brain Gets Stuck: A Kid's Guide to Overcoming, OCD.

HUGHES, Daniel, A. BAYLIN, Jonathan,
Préface de Daniel J. SIEGEL. *Brain-based Parenting* :
The Neuroscience of Caregiving for Healthy Attachment,
Norton Series.

KOHN, Alfie,
Punished by rewards, The trouble with gold stars, incentive plans, A's praise and other bribes,
Houghton Mifflin Compagny, Boston-NY

MASSON, Jeffrey,
Enquête aux archives Freud, des abus réels aux pseudo-fantasmes, Éd. de l'Instant Présent.

MAUREL, Olivier,
• *La fessée, Questions sur la violence éducative,*
Éd. La Plage

• *Oui, la nature humaine est bonne!* Éd. Robert Laffont

PAUC, Robin, Dr,
• *The Brain Food Plan, Help your children reach their potential and overcome Learning disabilities,*
Virgin Books Ltd, 2007

• *Is that my child?*
Exploring the myths of dyspraxia, dyslexia, Tourette's syndrome of childhook, ADD, ADHD and OCD,
Virgin books Ltd, UK, 2006

REED, Barbara, PhD,
Food, Teens and Behavior, Natural Press

SAX, Leonard,
Pourquoi les garçons perdent pied et les filles se mettent en danger, Éd. JC Lattès

TOUGH, Paul,
How children succeed, Random House Books, 2013

Articles et ressources Internet

http://tvoparents.tvo.org/article/what-expect-your-nine-year-old

The Hospital for Sick Children, Health A-Z, Developmental Stages, Ontario Ministry of Child and Youth Services, Ontario Early Years Centres: A Place for Parents and Their Children, The Developing Brain: Birth to Age Eight, by Marilee Sprenger, Your Child's Growing Mind: Brain Development and Learning from Birth to Adolescence, by Jane M. Healy, Ages and Stages, by Lesia, Oesterreich M.S., extension human development specialist, Human Development and Family Studies, Iowa State University and «Learning from mistakes only happens after age 12, study suggests», from Science Daily, Sept. 27, 2008.

• BLAIR, Clancy,
«Stress and the development of self-regulation in context», Child development perspectives 4, n° 3 (december 10)

• CRONE, Eveline A.
de l'Université de Leiden, aux Pays-Bas. *«Evaluating the Negative or Valuing the Positive? Neural Mechanisms Supporting Feedback-Based Learning across Development»*, Journal of Neurosciences, 17 sept 2008 ; 28 (38)

• EVANS, Gary, W., *et al.*,
«Cumulative risk, maternal responsiveness, and allostatic load among Young adolescents», Developmental Psychology 43, n° 2 (2007) Cornell University

• MARTIN-DU PAN Rémy
«L'Ocytocine: hormone de l'amour, de la confiance et du lien conjugal et social». Rev Med Suisse 2012 ; 8 : 627-630

• SENEZ, Catherine,
« *Hypernauséeux et troubles de l'oralité chez l'enfant* », in *Rééducation orthophonique*, n° 220, déc. 2004, publié par la Fédération Nationale des Orthophonistes,
http://www.orthoedition.com/medias/ficers/2011-01-10-10-09-49_5219024.pdf

• SHAW Philip, MALEK Meaghan, WATSON Bethany, SHARP Wendy, EVANS Alan, and GREENSTEIN Deanna,
« *Development of Cortical Surface Area and Gyrification in Attention-Deficit/Hyperactivity Disorder* » by (doi : 10.1016/j.biopsych.2012.01.031). In Biological Psychiatry, Volume 72, Issue 3 (August 1, 2012), published by Elsevier.

• Peps, le magazine de la parentalité positive
http://www.pepsmagazine.com

• Conseil de l'Europe : Construire une Europe pour et avec les enfants

http://www.coe.int/t/transversalprojects/children/default_en.asp

www.SuperParents.com

www.Parentalite-positive.org

Plus d'infos encore sur :

www.filliozat.net pour assister à une conférence d'Isabelle Filliozat, être au courant des nouvelles parutions ou suivre un stage.

Pour suivre un atelier et mettre ensemble en pratique cette approche empathique de l'enfant : Les ateliers de parents Isabelle Filliozat. Rens. **www.filliozat.net**

Pour se former à la grammaire des émotions ou à animer les ateliers : **www.eirem.fr**

Remerciements

Je veux tout d'abord exprimer ma profonde gratitude à chaque parent venu me dire, par mail ou de vive voix lors d'un stage ou d'une conférence, combien mes livres avaient changé sa relation à ses enfants et transfiguré le quotidien de sa famille. C'est une grande joie d'entendre que les coups ont cessé, que les punitions ont fait place aux câlins et que tout le monde est plus heureux. Non seulement vos témoignages me portent dans mon travail, mais ils me démontrent également que les parents sont le plus souvent désireux de faire le mieux pour leurs enfants, pour peu qu'ils disposent des informations adéquates.

Mes pensées vont vers ma première prof d'anglais, en sixième, Mme Moy. Grâce à la méthode audiovisuelle, sans écriture les premiers mois, sans cours de grammaire, j'ai non seulement eu 18 en anglais au bac, mais j'ai appris à parler puis à lire l'anglais avec suffisamment de facilité pour pouvoir m'immerger dans les publications scientifiques anglosaxonnes, tellement plus en avance sur ces questions que les Françaises.

Merci à Samia, Corinne et Laurent, qui ont fait le ménage dans ma maison pour me permettre de me consacrer à l'écriture. Le travail des uns permet celui des autres.

Mes remerciements enfin à Fabienne Cazalis, docteur en Sciences cognitives, pour sa relecture attentive et chaleureuse.

ISABELLE

Merci à la vie !

ANOUK

Imprimé en Italie par Rotolito en novembre 2015
ISBN : 978-2-501-11176-8
Dépôt légal : janvier 2016
3366724 / 01